品成

阅读经典　品味成长

我们聊聊吧

改善沟通的关系心理学

胡慎之 著

人民邮电出版社

北京

图书在版编目（CIP）数据

我们聊聊吧 / 胡慎之著. -- 北京 : 人民邮电出版
社，2023.8
ISBN 978-7-115-62299-0

Ⅰ．①我… Ⅱ．①胡… Ⅲ．①人际关系学 Ⅳ.
①C912.11

中国国家版本馆CIP数据核字(2023)第129149号

◆ 著　　　胡慎之
　　责任编辑　郑　婷
　　责任印制　陈　犇
◆ 人民邮电出版社出版发行　　北京市丰台区成寿寺路 11 号
　　邮编 100164　　电子邮件 315@ptpress.com.cn
　　网址 https://www.ptpress.com.cn
　　三河市中晟雅豪印务有限公司印刷
◆ 开本：880×1230　1/32
　　印张：9.75　　　　　　　　2023 年 8 月第 1 版
　　字数：166 千字　　　　　　2023 年 8 月河北第 1 次印刷

定价：69.80 元

读者服务热线：（010）81055671　印装质量热线：（010）81055316
反盗版热线：（010）81055315
广告经营许可证：京东市监广登字 20170147 号

关系，无处不在。我经常说，人存在于世界，无非要处理三种关系：我与自己的关系、我与他人的关系、我与世界的关系。我们无时无刻不处在关系中，无时无刻不在与"人"打交道。

在我研究关系的多年工作经验中，似乎有两个词特别流行：一个是"沟通"；另一个是"高情商"。很多人都希望自己善于沟通、具备高情商，但沟通并不是一项容易掌握的技能。

我们经常说，一段好的关系必然会有好的沟通。但沟通到底是什么？从字面意思讲，沟通是人与人之间传递信息、思想、情感的交互方式，一般会通过语言完成。当然，语言包括书面语言、口头语言和肢体语言等。其中包含了很多学问，所以沟通是需要学习的。

事实上，人一出生就具备沟通的能力，因为有表达的需求。

婴儿会通过哭声获得食物、照料和关爱。虽然一开始，这种沟通是单向的，但随着婴儿慢慢长大，人际网络越来越宽广，这种单向沟通就会变成双向沟通。

单向沟通会让我们感觉没有得到回应，远远不能满足我们的情感需求。就像现在的人工智能产品一样，虽然它们让我们的生活变得更加便利，但在情感上它们却不能与我们沟通。我之前经常与人工智能语音助手对话，偶尔问一些刁钻的问题。不管我用什么样的语气、态度，是大声地说话，还是生气地说话，它对待我的态度都是一样的，只是一种机械的反应。几次之后，我就觉得很没劲了。原因很简单，人工智能不懂得如何辨别人类的情绪状态，所以它所有的回应都是冷冰冰的、硬邦邦的，让人觉得很无趣。因此，沟通必须是一个有来有往的过程，否则就会出现很多问题，变成一个人的独角戏。

在我的咨询工作中，我经常听到来访者说，本来自己在外面挺好的，但是回到家里和家人沟通就很容易出现冲突和矛盾，总感觉不太愿意搭理家人。他们不知道要怎么改变这种状况。首先，我们要知道："我的角色是什么？""我是谁？"其中包含在家庭中的角色和在社会群体中的角色，我们时常会无意识地进入角色。比如，我现在年纪不小了，已经能很好地照顾自己，但是回到家里与父母相处时，我在他们眼里还是孩子，他们会延续与小时候的我的沟通方式，仍然无微不至地照顾我，包括关心我是冷是热，是饱是饿，似乎在他们眼里，我还不会照顾自己。因此，在与父母的关系中，我的角色是儿子，是一个需要被父母照顾的儿子。如果说我们彼此都能接受这样的角色，并且匹配得特别好，那么关系就是和谐的。但问题是，很多人无法接受这样的设定，所以矛盾和冲突就发生了。

　　曾经有一位来访者反馈自己与12岁的儿子之间沟通出现了一些问题，就是不管他说什么话，批评或表扬，他的儿子都这样回应他："你不用说了，我知道你接下来要说什么。"然后就走回房间，把门关上了。这让这位父亲觉得很受挫，很愤怒，不明白为什么孩子连听他说说话都不愿意。但我听完后对他说："你的孩子和你完成了一次非常有效的沟通。"他不明白我的意思，我进一步解释道："当一个孩子走回他的房间，这是在告诉你不用再说了，你说的话他都明白，这是他对你的一个回应，只是他回应的方式让你感到挫败而已。之所以说这是一次有效的沟通，是因为你的孩子表达了他的态度，你也表达了你的态度、你的诉求，只不过你的诉求并没有得到满足。遗憾的是，在这场沟通中，你们都没有体会彼此的感受。"

有效、良好的沟通一定是在平等和尊重的基础之上产生的。双方都认为，更重要的是我们要在一起，双方有一个共同目标，并且相互回应。

因此，在沟通中，我们要避免陷入一些误区。

第一，表白不是沟通。很多时候，我们只是想和对方说说话，向对方表明自己的所思所想所感，至于对方怎么回应我们，我们并不在意。比如，有一些人想表达时，甚至会对着一个树洞说话，对着一朵花说话。那么树洞和花的回应是什么？它们只是静静地听着，可能这就是他们想要的回应，但这不是沟通。

第二，演讲不是沟通。有时我们会有表达的欲望，但这种表达的欲望可能是"演讲"。演讲，就是讲一个故事给别人听，然后在故事里加上自己的总结思考，并且希望对方认同自己。比如，一位妈妈在和自己的孩子沟通时，总是不断地讲道理，讲各种名人名言，讲"如果你不这样，就会怎样"。这位妈妈看似在与孩子沟通，实际上是对着孩子完成一次演讲，并渴望孩子能够积极地回应她，然后按照她所说的去做。如果孩子没有按照她所说的去做，那么孩子就是叛逆的。这是很不可思议的事情。

第三，训诫不是沟通。有可能在某段关系中，我们扮演着一个训导者、要求者的角色，我们总是对别人有过高的期待，总是有改变别人的愿望。但对他人而言，不合理的期待意味着一个不可能完成的任务。比如，一位女士说："我和我先生沟通是因为他有一些事情做错了，我要告诉他该怎么做才是最好的。"如果先生能力有限，那么这样的沟通往往就会变成训诫。

如果我们没有意识到这几个误区，就会把沟通变成表白、演讲、训诫而不自知，此时对方在我们心中就不再是有着他自己的想法的、需要被尊重的、真实的人。因为更多时候，我们只关注自己，只是在寻找自己想要的回应，而忽略了对方的真实感受和反应。

到底什么样的沟通，能让人际关系更亲密、更舒适？在这本书里，我总结了三点。

第一，任何关系中都有你有我，因为沟通是双向的。所以，我们在沟通时，需要时刻留意，是谁在说，向谁说。比如，前面提到的那位"演讲"的妈妈，她不断地和孩子讲道理，看似她站在一个正确的、想要为孩子负责的角度，实际上她更渴望孩子对她的回应，就像她儿时渴望父母能够积极回应她一样。所以那一刻，妈妈身上肩负着两种角色：一个是儿时没有得到父母回应的孩子；另一个是要求孩子积极回应的妈妈。这是一种内在关系模式。当这位妈妈把自己的角色定位为一个渴望被父母积极回应的孩子时，她在对孩子、父母说话时，可能会有一种小心翼翼的体验。这是需要被觉察的。所以，在沟通的过程中，我们需要明确，是谁在说，向谁说。

第二，是谁在听，听到的是什么。我们在沟通时，往往会先设定我说的话、我表达的内容对方是否感兴趣。有些人在沟通之前，就先设定对方肯定不愿意听，那么当我们以这样的心态去沟通时，结果可想而知。我的孩子曾经对我说他不愿意出去交朋友，因为不知道和他们说什么。实际上，当我们不知道如何与别人沟通时，我们的潜台词是：我不知道我这种沟通方式会不会得到好的回应，或者说别人会对此有何评价。另外，当对方给我们的回应是："我现在有点累，我不是很想继续沟通下去。"这时你会有什么感觉？你听到的是什么？听到的是对方不愿意和你沟通、不想回应你，还是对方只是想休息一下？

第三，任何沟通都是带有情绪、情感的。人类具有共通的情绪，喜、怒、哀、乐、惊、恐、悲，这些情绪时刻存在于我们的沟通过程。我们如何回应情绪，是一种智慧。如果你的沟通只是为了发泄一下情绪，那么可以直接告诉对方"我想发泄一下情绪"，也许对方就静静地听着，不做任何反驳、解释。这对我们来说，就是一个非常好的回应。如果我们有一些事情或困惑，希望得到对方的支持、肯定和建议，那么积极的回应就是我们想要的。有一个在黑暗中的小男孩呼唤旁边的阿姨，阿姨回答说："叫我干什么，你又看不到我。"小男孩说："当你回应的那一刻，其实就有了光。"所以有时候，我们的回应本身就是他人在困惑、迷茫、焦躁的情绪中的一束光，同时，人与人在这一刻也建立了联结。

　　好的沟通，是指向关系的。希望看完本书的我们，在面对一次又一次的沟通时，都能知道"我是谁，我在向谁说，谁在听，倾听者的情绪和反馈，我真正渴望表达的到底是什么"。当然，对方所有的回应，我们也懂得正确理解、感受，懂得如何达成一致，或妥协、或拒绝，真实地表达你和对方在关系中的感受。最后，希望在关系中的我们，都能成为真正的沟通高手。

目录

认识篇

沟通从认识关系开始

第一章

我与自己

四种内在关系模式

生而为人，我们无时无刻不需要与他人打交道。沟通就是最直接、最便捷的方式。沟通是我们与生俱来的能力，还没有学会说话的婴儿可以通过哭声传递自己的需要，用微笑表达自己的感受；无法发声的人可以用手势交流；不同语言体系的人可以通过肢体动作或绘画的方式了解彼此。尽管沟通的方式多种多样，但是人与人之间的沟通还是会出现障碍。

不论面对父母、爱人，还是朋友、同事，不论面对相熟的伙伴，还是交集不多的陌生人，我们想表达善意却总是被误解，想表示拒绝却被无视，想声明立场却说不出口，想坦诚相待却拒人于千里之外……于是，我们学习更多的沟通方法，观察动作和表情，借助道具，希望能够提高沟通能力，更有效地传递和接收信息，更好地与他人打交道，自如应对各种人际关系。

我与自己的关系，是所有人际关系的基础

人们通常会用自己的行为来"解释"人生的意义，每一个动作、表情、态度和习惯都体现了个体对世界的理解，以及对自己的认知。当沟通出现问题时，其实并不是我们缺乏沟通的技巧，而是我们对世界和自己的理解出现了偏差。当然，世界上没有人拥有对人生意义绝对正确的答案，也没有人的人生答案就是完全错误的，每一种解读都有其"美妙之处"和"糟糕之处"。我们要做的就是了解当前的自己如何解读这个世界，在此基础上应该如何补充和调整。沟通心理学，就是从心理学的角度让沟通更顺畅、更有效，从而帮助人们维护和改善人际关系。

因此，各种沟通问题都源自自我认知的偏差——对自己的定位与理解，决定了我将采取何种方式对待他人；我与自己的关系，是所有人际关系的基础。

我们还在襁褓中，就已经开始定位和理解自己。当我们感到饥饿和寒冷时，是否有人及时出现为我们提供食物和御寒的衣物；当我们感到孤独时，是否有人给予陪伴；当我们生病、受伤时，能否得到期待中的照顾；当我们任性时，是否被人理解……这些情境让我们形成了不同的自我认知："我不值得被爱""我只有忍让、奉献自己，才会被爱""我只有比别人拥有更多，才能证明我是被重视的""如果我失败了，所有人都不会再喜欢我""我必须开心一点儿，才不会给别人添麻烦"……

　　这些情境中还隐藏了养育我们长大的人，我们在和养育者的互动过程中，逐渐形成了对待关系的模式，心理学将其称为"内在关系模式"。这种关系模式相对稳定。不论受教育程度如何，不论读了多少关于心理学的图书，抑或是学习了多少沟通技巧，如果没有进行自我分析或更新自我认知，那么我们就会无意识地使用原有的内在关系模式与他人交往，不断构建相似的人际关系。每个人都有自己的内在关系模式，如果两个人的内在关系模式匹配，他们相处起来就会自然舒适；如果两个人的内在关系模式不匹配，他们在相处过程中就会感到不舒服。

四种内在关系模式

根据客体关系理论，结合我多年的心理咨询个案研究，我将内在关系模式分为四个类别，并用不同的动物命名，分别是蜗牛型、鸵鸟型、袋鼠型和斑鸠型。就像这四种动物本身就具有不同的生物属性，四种内在关系模式下的自我也有很大区别：蜗牛型呈现的自我是"依赖的"，鸵鸟型呈现的自我是"封闭的"，袋鼠型呈现的自我是"共生的"，斑鸠型呈现的自我是"对立的"。

蜗牛型——黏人的"小可爱"。蜗牛的身上有个硬壳，在外界环境发生变化时，蜗牛会快速地缩进自己的壳，自我保护意识很强。相应地，蜗牛型的人一旦遇到问题，会倾向于讨好他人或者缩进自己的壳，以退让的姿态应对；一旦发生冲突，则会拒绝和回避冲突，不敢表达自己的诉求，把很多事情闷在心里，就像在说："我被欺负了，我很委屈，但我不说。"蜗牛型的人在人际关系中倾向于讨好和回避，有更多的取悦行为。即使他们想表达拒绝之意，也是委婉的。例如，你邀请一位蜗牛型的人去看电影，他不想去，但是他不会直接拒绝，而是找出各种理由："堵车太严重了""要下雨了"。因为在他们的认知中，他人比自己更有价值。在亲密关系中，他们表现得很黏人，很依赖对方，给人一种柔和、可爱的感觉，他们在行为上也倾向于回避人群，所以蜗牛型的人更喜欢宅在家里，孤独感强烈，经常对外界信息有所质疑。在教室中，他们一般会选择坐在后排、不被人注意的角落，绝不会坐在第一排，课堂上也不会主动提出问题。从另一个角度讲，拥有更多独处机会的蜗牛型的人善于思考，富有创造性思维，喜欢幻想，很多蜗牛型的人会成为艺术家和文学家。

鸵鸟型——自信的"霸道总裁"。鸵鸟身材高大，走起路来昂首挺胸。相应地，在人际关系中，鸵鸟型的人自我感觉良好、骄傲、自恋，由内而外散发着优越感。在他们的自我认知中，自己比别人更有价值。这种自信的姿态让鸵鸟型的人充满了个人魅力，他们往往拥有较强的竞争力，事业成功，或是在各类体育竞赛中成绩优秀。他们喜欢被看见、被欣赏和被仰慕。在亲密关系中，他们占据主导地位，愿意为了获得心理上的满足感和优越感而付出更多并承担责任。鸵鸟型的人一旦感到自己的优越感被冒犯，失去了心理优势，他们就会像鸵鸟遇到危险时一样，把头埋进沙堆，自欺欺人地告诉自己"我看不到别人，别人也看不到我"，他们无法直面强烈的挫败感和自卑感，也无法直面因此而产生的羞耻感。鸵鸟型的人会尽可能地守住自己的心理优势，一旦认定某个人或某件事，他们会迅速行动，马上做出决断。这些特质，一方面让他们在专业领域里容易取得成功，另一方面则使他们对伴侣指手画脚，常常责备、嘲笑对方的笨拙。

袋鼠型——喜欢照顾人的"老妈子"。雌袋鼠身上有一个育儿袋，便于保护、照顾小袋鼠。相应地，袋鼠型的人在人际交往中表现出服务型与照顾型的特征。袋鼠型的人付出感很强，在付出的过程中，他们会觉得自己是照顾别人的"老妈子"。比如在合作关系中，常常无论事情大小，全部亲力亲为。但是他们的付出并不是无怨无悔的，他们希望自己所做的一切都能够被人看见，如果没有人看见，那么他们就会感到失落，继而生发抱怨、指责。他们会把照顾别人所获得的价值感作为自己的核心价值，把被他人需要作为自我价值的主要来源。因此，在这种关系模式中，他们享受他人的弱小，一旦对方变得强大，他们就会感到空虚，甚至会入侵对方的心理边界，在对方要去尝试和成长时，他们会在一旁说："不行，你最好不要这样做。"在一件需要双方共同承担责任的事情上，袋鼠型的人容易过度承担责任，他们不仅要承担对方的责任，还渴望去承担对方的情绪。事实上，没有人能够承担别人的情绪。袋鼠型的人就像过度保护孩子的父母，看上去是对方依赖他们，实际上是他们更依赖对方的需要。

斑鸠型——自私的"理性派"。在自然界中，斑鸠的攻击力和防御力都很强，通常都是单独行动，很少像其他鸟类成群结队地出现。斑鸠型的人具有较强的攻击性，主要表现为不断攻击和侵占对方的利益。在一段关系中，斑鸠型的人总是想从对方身上获取自己想要的价值。在他们的思维里，没有得到就是失去；所有关系都是争夺性的，并且自己必须是赢的一方。所以，斑鸠型的人在职场中遵守弱肉强食的森林法则，往往会成为成功的商人或卓越的政治家。同时，斑鸠型的人的强防御性体现在心里只有自己，不顾及他人感受，表现得理性、冷漠。在他们的认知中，人与人相互靠近就是为了索取，所以当他们被靠近时，他们就会产生强烈的自我保护意识。他们就事论事，只思考能够带来利益的社交，避免投入太多个人情感。因此，斑鸠型的人也常常感到孤独。曾经有一位来访者说自己愿意为别人付出，但是别人不能要求他付出，否则他就会感到很不舒服。他的家人为他付出了很多，他不愿意回报；但是他和合作伙伴一起吃饭，却会抢着买单。这就是典型的斑鸠型关系模式。

一个人是否适合与另一个人在一起，不是看谁好谁坏，而是看内在关系模式是否匹配。匹配的维度有三个：第一，在关系中被滋养、被成全，见到对方就会感到开心，认可对方的行为的同时，自己感到舒服；第二，渴望这段关系能够持续，这与是否有过争吵无关，与是否时常感到迷茫、思考是否值得有关；第三，能够感受到来自对方的尊重，在对方面前不会小心翼翼、怕做错事。

内在关系模式的匹配并不是唯一的。在实际生活中，蜗牛型的人与其他类型的人都可以匹配，但是与同是蜗牛型的人较不匹配，两个习惯于讨好、回避的人无法深入交往。鸵鸟型的人与袋鼠型的人、斑鸠型的人都不太匹配，袋鼠型的人会想要削弱鸵鸟型的人引以为傲的心理优势，斑鸠型的人则完全无视鸵鸟型的人的心理优势。袋鼠型的人与斑鸠型的人也不匹配，斑鸠型的人看不见袋鼠型的人的付出，会令袋鼠型的人心生抱怨，感到崩溃。斑鸠型的人与斑鸠型的人最匹配，他们的价值观一致，都是想尽办法索取对方的资源，同时防止自己被索取，利益维系着他们的关系。

在沟通和交往中，我们往往忽视真实的感受、隐藏情绪、否定自己的价值，如果能对标不同的内在关系模式，并切身地感受自己在这段关系中的状态，那么我们就能及时调整，并找到适合相处的人。

理解自己的感受

分清事实、感受和观点

在咨询室里，我经常问我的来访者："你的感受是什么？"他们给我的回答大多是："这里环境不错""我觉得你挺好""这里还行"……然而这些并不是感受，甚至不是事实，只是观点。

"坐在这个房间，有阳光照在我的身上。"——这是事实

"和你聊天，我感到放松／紧张／不知道要说些什么。"——这是感受。

事实、感受和观点，是我们在沟通中经常使用并且经常混淆的概念。事实是客观的，不以人的意志为转移，有具体的数据、统计、实验做支撑，能够被验证；观点是主观的，是基于某个标准进行的评价，这个标准不是统一的，有时也可能是不正确的；感受有共性，同时也是主观的，是身体和心理上的感觉，感受通常来自我们对他人行为的理解、认知和自我期待是否被满足以及环境对我们的影响。

我们和别人讨论问题时，有时会沟通不畅。就好像两个人在两个不同的频道，各说各的，互相不回应。这是因为我们在沟通

过程中，混淆了事实、观点和感受。有时，我们只是在描述一个事实，例如："今天我的车和别人的剐蹭了。"但是对方却回应了一个观点："你就是开车技术不行。"然而这个观点并不一定符合我们的评判标准，于是我们会展开讨论和争辩，结果沟通变成了指责和争吵。其实，我们只是想表达："这件事让我有点害怕，到现在还心有余悸。"然而表达的人和倾听的人都忽视了其中没有被察觉的感受。

我们为什么无法直面感受

聊天时，体会到对方当下的感受是一件非常不容易的事情。在我们成长的过程中，感受可能经常被忽视，还记得小时候因为怕黑，不敢独自睡觉时，家长是如何回应的吗？

第一种家长对孩子说："没事的，有我们在。"

第二种家长完全不理睬，好像完全没有听到。

第三种家长否认孩子害怕的感觉："有什么好怕的，什么都没有，一个人睡觉而已，你总要长大的。"

第四种家长特别理智地和孩子谈论什么是害怕。

第五种家长只是一直对孩子说："不要害怕，不要害怕，不要害怕……"

这五种家长或温柔，或理性，或讨论事实（第一种、第四种），或表明观点（第三种、第五种），但都没有正面回应我们的感受，我们的感受表达出来后，没有得到任何回应。这样，我们就会认为感受不重要，感受表达出来后没有得到我们期望的任何东西，长此以往，感受就被压抑下去了。

随着逐渐长大，我们就越来越无法直面自己的感受。我们不知道如何把自己的感受表达出来，得到他人的理解和共情。表达感受，成了一件羞耻的事情。我们的大脑中缺乏表达感受的词汇，我们的认知中认为感受是不应该出现的，不是最重要的，更多的时候，我们需要维系自己在别人眼中的形象——稳重的、为他人着想的、不会带来麻烦的……于是在大多数时候，我们学会了考量别人的评判，学会了隐藏自己，学会了压抑自己，学会了各式各样婉转地传递自己感受的方式。甚至会将感受转化，当听到有人讨论自己的感受，我们会突然感到非常愤怒，好像将感受说出来会带来麻烦。

人因感受而存在，没有感受，人就不存在。活人和死人的差别是活人有价值体验，有成就体验，有喜怒哀乐、惊恐、悲伤的情绪体验；死人没有任何感受。如果我们无法体会自己的感受，就会觉得人生格外空虚，难以找到生命的意义。

　　事实上，感受没有被剥夺，被剥夺的只是表达感受的权利。我们只是不愿意面对或承认感受的存在，并且通过不同的方式呈现出来。在内在关系模式中，蜗牛型的人最容易忽视自己的感受，但是他们善于体会对方的感受，并且希望通过维护对方的感受，引导对方在意自己的感受。但是往往对方会因此更加忽视蜗牛型的人的感受。因此，蜗牛型的人需要练习直接表达自己的感受。袋鼠型的人看似一直在照顾他人，其实他们更在意自己的感受，甚至会通过"我都是为了你好""你这样做／这样想让我很难过"控制对方。袋鼠型的人要做的是体会对方的感受，避免用自己的感受替代对方的感受，要分清哪些是自己的感受、哪些是对方的感受。鸵鸟型的人能在一定程度上直面自己的感受，但是只能面对优越感，无法面对羞耻感。鸵鸟型的人需要调整对感受的看法。斑鸠型的人在人际关系中完全无视他人的感受，是最冷漠的一类人。斑鸠型的人需要先接纳每个人都有感受的事实，然后练习表达感受和观察他人的感受。

如何表达感受

如果我们已经被教化成不能表达感受的人，我们该如何改变自己，让自己成为一个能表达感受的人呢？

首先，觉察。请尝试这样一个心理练习：从头部开始，慢慢地，像 CT 扫描仪一样，由上至下，用意识扫描身体的每个部位。扫描时，有时能感受到身体某个部位有疼痛或酸胀的感觉。这就是身体最基本的感受之一。继续觉察，你就会知道自己这一刻的感受是什么，是愤怒的、悲伤的、委屈的、害怕的，还是担心的？

其次，承认。感受没有好坏之分，感受就是感受。不论觉察到什么，都承认这是我的感受。过去，我们的感受一直在被评价。比如：这些感受是负面的，要马上解决，我不允许一直有这些不好的感受存在；或者，这些感受是正面的，我要保持。其实这是观点在捣乱，观点的对错并没有标准答案，我们有权利认同某个观点，也可以不认同某个观点。对观点的评判不是事实。事实不存在好与坏，只有真与假；观点没有真与假，只有合理与不合理；感受没有合理与不合理，只有程度强与弱。

最后，接受。感受不分好坏，去接受它这一刻的状态。我有一个年轻的朋友，他曾对我说："很多时候我感觉特别寂寞，好想谈恋爱啊。"他说这句话时，神情特别生动。听得出来，他接受了自己寂寞的感觉，并没有排斥或否认自己的感受。

心理治疗师弗吉尼亚·萨提亚（Virginia Satir）说过："感受的后面还有感受，感受的感受就是决定我们感受的东西。"这句话的意思是：当我们体会到恐惧时，我们可以感受一下恐惧的背后是什么。我们理解了自己的感受，才会知道内在的自我隐藏了什么，重新认识和体会感受，就可以更好地应对在沟通、交往和生活中遇到的问题。

回到前面那个怕黑的事件。可能现在我们也已经为人父母，需要面对孩子的恐惧；或者我们自己还只是曾经那个怕黑不敢睡的孩子，我告诉他："害怕是人之常情，不需要去评价它是好的还是坏的。"我们不需要对生发的感受做任何评判，也不需要做什么，只是和自己的感受待一会儿，去承认它。每个人都会感到害怕，即便是一个心理特别强大的人，也会感到害怕。

如果现在你认为，害怕是羞耻的体验，因此否认害怕，那么请提醒自己，这个观点源自我们被对待的方式，是被错误教育后的结果。在我的孩子 7 岁时，我和他一起去游乐场玩刺激的游乐项目"大风车"，我对他说："你要是害怕就叫出来。"他一言不发，游戏结束后，他双腿发软，央求我抱他。我非常理解他的恐惧，就问他："刚刚你是不是很害怕？"对一个 7 岁的男孩来说，这种情形会让他感到羞耻。所以当时的他并不承认这一点。于是我告诉他:"爸爸在'大风车'上的时候也很害怕,都吓得腿软了。你也吓得腿软了,是吧?你对玩'大风车'感到特别害怕,这说明它确实是一个很吓人的项目。"过了一会儿,他承认了:"爸爸,我在'大风车'上确实很害怕。因为害怕,所以腿软了。"我没有因为这件事而取笑他。接着,我说:"我们回到车里,休息一会儿再出来玩,好吗?"当他害怕的感受被表达出来后,他就不再感觉害怕,也不会认为害怕是不被允许的了。

表达自己的感受,就是和真实的自我待在一起。当我们接受了自己的感受时,我们也就了解了自己,就有能力体会他人的感受。比如,你收到礼物时,不妨在回应中加上自己的感受:"我拿到这份礼物,真的非常开心,有你真好!"这比"谢谢你 / 你对我真好"会让对方和你拥有更好的体验。

安放内心的情绪

所有的情绪都应该被安放

人们总是喜欢表现积极的情绪，不愿意表现消极的情绪。然而情绪没有好坏之分，所有情绪都对人的身心健康有意义。所谓积极的情绪和消极的情绪，只是相关领域的研究者为了便于研究而进行的区分。

在理论上，积极的情绪包括开心、愉悦、满足、欣喜、兴奋等，消极的情绪包括悲伤、痛苦、嫉妒、恐惧、厌恶等。所有情绪都是我们的真实反应，促使我们持续输出感受或规避风险。例如，成功的喜悦会鼓励我们继续努力，失败的懊恼会激励我们不要放弃，悲伤会帮助我们更好地感受失去，恐惧则会让我们躲避危险，更好地保护自己。

我们习惯于表现开心和愉悦，认为这样能够证明自己是幸福的；避免表现出抑郁和焦虑，因为这代表自己是不幸的、无能的。其实，这是对自我缺乏正确的认知而得出的错误结论。

例如，蜗牛型和袋鼠型的人，都会体验到委屈的情绪，但是蜗牛型的人委屈是因为一直压抑自己的感受讨好对方，袋鼠型的人委屈是因为自己的付出没有被看到。因此，蜗牛型的人在感受到委屈时，需要觉察、承认和接受自己的感受；袋鼠型的人则需要给对方一些空间，减少自己的付出。同样地，面对蜗牛型的人的委屈，我们要鼓励他们表达，并觉察他们的感受；而面对袋鼠型的人的委屈，我们则要表达对他们的感谢，而不是拒绝他们的付出。

美国心理学家阿尔伯特·埃利斯（Albert Ellis）提出过一个"情绪 ABC 理论"："A"代表诱发事件（activating event），即我们遇到的事情；"B"（belief）代表对这件事的认知和评价，以及产生的想法和观点；"C"（consequence）代表这件事情引发的情绪和行为的后果。埃利斯发现，一个人的消极情绪和行为障碍的结果，不是由诱发事件直接引发的，而是由个体对事件产生的不合理、不正确的想法和观点引发的。

A：突发的不幸事件或逆境。比如，在高速路上突然发现汽车没油、告白失败、方案被否决、比赛或考试失利等。

B：相关的（不理性、不正确的）评价和观点。比如"我就是倒霉""我不能被拒绝，他必须接受我""这都做不到，我是个没用的人"。

C：导致的（消极的）结果。感到失去动力和希望；做出极端的举动；感到极度紧张和沮丧，想要就此放弃，不去尝试把事情做好；拒绝参加团体活动；沉迷醉酒和游戏。

在人的认知中，有三种不合理的核心信念：其一，"无论在何种情况下，我一定要完成重要任务且得到他人的认同，否则我就是一个不合格、不值得被爱的人"。其二，"无论处在何种情况下，别人都要公平地对待我，否则他们就是卑鄙无耻的小人"。其三，"我所处的任何环境都要依照我想要的方式进行调整，立即满足我的欲望且不会要求我过度努力改变或改善这些情境，否则就很可怕，我无法容忍这些事，我根本无法快乐起来"。如果你的内心有这些想法，找到它，你将会理解令你不知所措的情绪，改变核心信念（具体的改变方法，可以参照第四章），这样才能做自己情绪的主人。

情绪没有对与错、好与坏，只有强烈与否。强烈的情绪会带来强烈的身体反应，人在极度恐惧时，身体会变得僵硬，无法动弹；在紧张焦虑时，人的心跳会加速，有时还会呼吸急促，手脚发抖；在兴奋时，人会控制不住自己的面部表情，说话时提高音量，该休息时却无法入睡……心理学研究发现，适当保持情绪的强烈程度，对完成简单的工作是有帮助的。对于简单的工作，情绪唤醒水平越高，工作成效越好；对于复杂的工作，情绪唤醒水平越高，工作成效反而越低。情绪是我们的朋友，正确认知、适当调控情绪，能够带来意想不到的收获。请直面情绪，在心中为情绪找到一个安放的地方。

如何安放和应对愤怒

现在，我们来看看常常令我们无措的情绪——愤怒，以及生活中我们该如何安放和应对愤怒。

小时候，家长随意地进出你的房间，乱翻你的东西；工作后，同事不经过你的同意，就把你的个人信息透露给别人；超市里，排队结账，突然有几个人插队……遇到这些情况，你有什么感受？你会怎么做？事后又是如何评价自己的？

在中国的文化体系里，我们强调"以和为贵"，强调"谦逊有礼"，所以愤怒也是人们认为最应该被压抑的情绪之一。这也导致很多人不知道该如何面对、处理愤怒这种情绪，不知道如何表达愤怒的感受。

愤怒是一种个人边界和权利被侵犯时的感受。美国心理学家雅克·希拉尔（Jaques Rillaer）说："愤怒是内心不舒服的反应，是由感到不公平和无法接受的挫折引起的。"当人愤怒时，身体也会出现强烈的反应，心跳加快、头脑发热、脸颊发烫，这些都是难以控制的。我们可以从以下几个角度更好地理解和处理愤怒情绪。

第一，需要明白，表达愤怒是在保护我们的边界。这是被允许的，是合理的，是可以发生的。愤怒是我们的感受，与他人对我们的评价没有必然的联系。承认自己的愤怒，不等于叛逆，也不等于要做出激烈的行为。事实上，善于表达愤怒的人更容易得到别人的尊重。

第二，表达愤怒时，要保持理性。人们被愤怒困扰，往往是因为愤怒会引发情绪化、冲动的行为。怒从心起，恶向胆生，不管不顾地冲上去，粗暴地和对方打一架。这样的结果往往两败俱伤，甚至滋生更多仇恨，产生更多愤怒。这时，保持理性，减少情绪化行为显得尤为重要。表达愤怒是为了阐明立场，阻止对方的入侵行为，而不是让对方屈服。如果执着于让对方承认错误并道歉，那么此时你的感受不是愤怒，而是委屈。这是不同的情绪感受。

第三，避免愤怒的表达。曾经有一段时间，我的工作压力特别大，情绪反应强烈，发生一点儿不顺心的小事都会让我情绪暴躁。有一次我开车经过高速收费站，工作人员因为失误多收了我的钱，并表示按照规定不能退还，当时我感到自己愤怒到了极点，于是出言不逊，和工作人员发生了争吵。这就是一次愤怒的表达。愤怒的表达往往只是单纯的宣泄，对于问题的解决没有任何帮助。

我们要做的是使用符合当前情境的方式表达出"我很生气"，同时让对方接收到这个信息。我有一位同事，时间观念很强，在人际交往中非常守时。然而，他的一位好朋友却经常在约会中迟到。一次两次还能忍，次次迟到就让人受不了。于是在他的朋友再一次迟到时，他对对方说："你迟到了，我觉得自己不被重视，这让我很生气，希望你能尊重我，约会的时候准时一点儿。"后来，他的朋友不再迟到，两个人的关系也变得更和谐了。这样的表达清晰而直接，具体地告诉对方，我的感受源自"你迟到了"，我的想法是"你的行为意味着不尊重我"。由于我们认为产生某些负面情绪是羞耻的，是不应该出现的，所以在表达时，我们往往含蓄、笼统，导致对方无法准确接收，我们也无法得到自己期待的回应。结果就会出现沟通无效的情况。请记得，如果你不说清楚，那么世界上就没有人能够完全领会你的心思。

第四，即使愤怒，也不要威胁对方。我们常常听到一个人在愤怒的时候怒吼："你再这样，我就对你不客气了。""你最好给我小心一点儿，我可不是好惹的。"这样的话语，无法达到劝阻对方的目的，也没有清晰地传递主体的意愿，唯一的用处就是给说话的人壮胆——实在不行就动手。有效的沟通方式是描述对方的具体行为，清晰、准确地说出自己的感受，并指出对方可以怎么做。如此，对方才会准确接收到我们想要传递的信息。否则即使对方想改变，也不明白你的诉求，只会带来更多的误解。正确表达愤怒的可贵之处在于，重建自己与他人的关系。

愤怒是建立和维护关系的过程中不可避免的感受，如果对方的侵犯是无意的，那么理性、清晰的表达有利于关系的稳定；如果对方存心找碴儿，故意和你发生冲突，那么告诉自己"事来了不怕事"，对方主动伤害你，你有什么理由不做出反应呢？我们只有呈现真实的、完整的自己，他人才愿和我们建立关系。

爱自己的方式

你爱自己吗?

我们爱很多人和事,我们爱自己的父母,爱我们的国家,爱山川大地,爱心中的理想。我们尽情地歌颂心中的热爱,却对爱自己羞于启齿。不同于对感受和情绪的忽视与压抑,爱自己是一件完全被我们忽视的事情。

爱自己与自私不同。从小受到的教育告诫我们先人后己,要关爱他人而不是自己,个人要服从集体的利益,崇尚自我牺牲精神。这些品德都很好,但践行的前提是人人平等,他人和我平等,这意味着他人和我一样值得被关爱。人们总是有种错觉,以为他人比自己更重要,他人值得被爱、值得被关照,而自己不值得。表面上看,这样的人谦逊、容易相处,但是从心理学的角度分析,这其实是一种回避和讨好,是造成心理问题的隐患。一个心理健康的人,不仅具有关爱他人的品质,也具有关爱自己的能力。不会爱自己的人,是不知道如何爱他人的。如果一个人把爱自己与需要他人的牺牲或损害他人的利益来满足自己等同起来,那么他就走向另一个极端——自私。自私是为了满足自己,而伤害了他人,依赖他人,辜负他人。而真正的爱自己从来不等于自私。爱自己,在心理学中被称为"自我价值感",可以理解为认为自己本身是"有价值的"，并且不受自己的外貌、物质财富、学识、婚姻状况、所获成就、家庭关系等因素的影响。爱自己的人认为：我是这个世界上独一无二的存在，我与他人有相同之处，也有本质上的不同，因此，我拥有别人没有的独特之处，我能够做出自己的判断；同时我无法完全按照另一个人的想法而存在，不需要把自己和他人进行比较，也不必因为和别人不一样而批判自己，甚至惩罚自己。

应该如何爱自己

很多人觉得爱自己很难，经常感到懊恼、后悔：我想做却觉得做得不好，我想爱自己却觉得自己不够好。那么试试以下几种方法，体验之后再思考能否做到爱自己。

第一种，接纳并接受自己，全身心地满足自己。

我是一个热爱美食的人，我是一个喜欢新衣服的人，我是一个喜欢玩游戏的人，我是一个喜欢追剧的人……在生活中，每个人总有一件想做却不能尽兴的事情。我们给出的理由是这些太幼稚了，这些对健康不好，这样太浪费了，时间不够、钱不够……其实，这只是表层原因。根本原因是与自己的关系不和谐，潜意识里不认同满足自己的需要。一旦我们想要行动，就会自动生成各种拒绝的理由，即使我们已经行动了，也会因此滋生罪恶感，并为此感到后悔。

对此，我们要做的就是摒弃所有的借口，暂时抛去所有的烦恼，全身心地满足自己一次，并体验需要被满足后的感受。可是，因此带来麻烦怎么办？我们应该转变思路——自食其力的人有权利分配自己的支出，有资格做让自己开心的事情；工作时认真完成，休息时完全放松，相信自己能够合理安排自己的时间；我无法完全按照另一个人的想法而存在，我就是我而已。

直面自己的需求，接受自己的欲望，以愉悦的心情接纳自己。即使发现现实与自己预想的状况不同，也不会因此责怪自己。网上购物，收货时发现"货不对板"，有的人愤怒争辩，向平台投诉，与商家争论；有的人埋怨自己，怎么不多想想，为什么要做这种尝试……这需要理性分析，并放松心态接纳自己。

只要我们的欲望没有违反法律，不会伤害到自己或他人，那么放纵地满足一次，告诉自己"我值得拥有这些"。

第二种，面对现实与理想之间的差距。

生活中，我们总是想当然，例如认为"打折不买就吃亏了""我应该被所有人喜欢"……事实上，很多事情并不是按照我们的想法发生的。

我有过一次很有趣的购物体验——我想买一双运动鞋，恰逢商家搞促销，价格差不多是原价的1/3。我的第一感觉是这双鞋好便宜，会不会是假的，我因此犹豫了一会儿就离开了。到了第二天，我还是想买，然后发现鞋子竟然恢复原价了。那一刻我太懊恼了，感觉自己错过了一次好机会。不甘心的我就去问商家以后还有没有这个活动，商家说不一定，让我关注店铺信息。好在没过多久，鞋子的促销活动再次启动，我二话不说就下单了。

在这个过程中，我几次想当然地沉浸在自己的理想化状态里，认为促销活动应该会持续，认为这双鞋一定适合我。虽然这件事的结果是最终我以低价买到了这双鞋，但是我的感受完全被商家牵着走，我埋怨自己不够果断，把客观事件的发展和对自己的评价联系在一起，似乎我改变了，活动就不会结束，事情就可以被掌控。

我们总是将物品的价值理想化，或者是认为付出了就应该有所收获。我们对事物抱有超高的期待时，就会铆足了劲去追求，但是现实可能与我们的期待之间有一定距离。此时，我们就无法接受这种局面，就会产生挫败感。事件不由人的意识掌控，我们不能以事件的结果为标准评判自我。我们唯一能做的，就是相信自己的能力和价值，考量他人与环境，尊重自己的付出，也尊重客观事件的发展规律。

第三种，自信的同时还要自在。

很多人总是能看见他人的好，却看不见自己的好，哪怕是同一件衣服，别人穿就是好看的，穿在自己身上就没那么好看了，这是一种不自信的表现。有时我们不能利用好身边的资源，不能好好地享受生活，特别拧巴，总觉得只要是自己的都是不好的，这是一种不自在。爱自己的人，不仅要自信，还要自在。

缺乏自信的人，总觉得自己什么都不行，什么都不如别人，甚至是和别人买了同一批东西，也觉得自己挑到了其中最差的那个。于是纠结自己的选择是不是不够好，总认为还有更好的。不自信的人往往不轻易相信他人，因为不自信的人害怕自己的缺陷被发现，会假装自己很厉害以掩盖自己的不自信。不自信的人害怕被人发现自己的局促，并害怕被伤害、被欺骗。

就像有些人觉得自己不好看，所以被人夸好看时，下意识地认为对方在欺骗自己，甚至在嘲讽自己。有时，我们总爱在自己身上找一些证据去否定自己，其实这正是不自信在作怪。有时，我们想要某样东西或想做某件事，但是总感觉有压力，是因为内心深处认为自己不配拥有更好的。这是一种下意识的否定，也是一种不爱自己的表现。当然这种情况是可以转变的，即当你意识到自己对自己不是很友好的时候，你可以在心里默念"对自己好一点儿"，最起码有配得感，配拥有所有的东西，只要是自己凭能力获得的，就是值得的。

我就是我，不必参考他人的评价、按照他人的期待而活，我本就值得被爱，我本就爱自己。我们不是让自己掌握一个新的技能，而是发现我们原本的样子。我的存在，让这个世界不同。

或许，现在的你要做到爱自己还有点儿难，不要灰心。心理成长和改变需要契机，给自己一点儿时间。长久以来的压抑感受和对自我的曲解，令我们的自我被层层束缚，要打开它还需要一点儿耐心。不妨阅读下一节，说不定可以帮助我们解开束缚自我的绳索。

突破自我设限

明天有重要考试，自己却一直玩游戏停不下来，一边玩一边焦虑；面试机会很难得，自己却追剧无法自拔，一边看一边烦躁；相亲对象是自己的理想型，自己却约会迟到且不修边幅；还没有开口，自己就在心里说"我不是一个好的演讲者，我不够流畅，不能很好地表达自己的想法"。人的心理有一个奇怪的效应——故意给自己的成功设置障碍，做出一些阻碍性行为。一旦失败就可以说，因为准备时间不够，因为闹钟没响……只要给我时间让我充分准备，一定没问题。这样就可以避免因为失败而产生的"我不好，我不行，我不值得"之类的自我评价。

这便是自我设限，或叫作自我妨碍。听起来这很矛盾，我们都期待成功，怎么会自己给自己设限呢？其实，自我设限是一种自我保护机制，我们未取得成功，就可以将失败归咎于自我设限，替自我做出辩解。如果因此偶然获得了成功，我们便沾沾自喜，因自我能力的强大而自傲。然而，事情的发展往往是不出意外走向失败。

在成长过程中，我们经历了各种失败——摔了很多次跤才颤颤巍巍迈出第一步；熟背乘法口诀，在面对老师时却大脑一片空白；找工作屡屡碰壁……不断重复的失败让我们形成了一种行动前先否定自己的行为模式。

自我设限便成为生活常态。譬如我们打开这本书，阅读了前面几节关于认识自我、接纳感受、安放情绪、爱自己的内容，对此感到认同的同时还有一些念头冒出来："这些都太理想化了""这也太难了""有道理但是不实用""生活中想不起来"……其实这就是在自我设限。

1967年美国心理学家马丁·塞利格曼（Martin Seligman）在做动物研究时发现，把狗关在笼子里，只要蜂鸣器一响，就给狗以难以忍受的电击，多次实验之后，只要蜂鸣器一响，即便把笼门打开，狗也不会逃窜，而是倒在地上呻吟和颤抖。本来可以主动逃避却绝望地等待痛苦的来临，这便是习得性无助。习得性无助是一种行为模式或习惯——对自己进行否定（比如，我做不好某件事），在遇到类似的事情时，就会采取抗拒、逃避或拖延等行为，失败后便开始自责，再次强化自己的失败，并由此产生挫败感。长此以往，这种行为将导致个人的自我价值感越来越低，自我设限也越来越严重。

打开自我设限的枷锁

在找到了束缚我们的枷锁后，我们可以采取以下三种方法帮忙解开枷锁。

第一，积极的自我暗示。

所谓暗示，就是给自己一个心理预设。人的认知很神奇，它会努力保持态度、行为与结果之间的平衡与和谐。态度决定行为，行为产生结果。我们了解了这个心理效应，便可通过提醒自己，强化"做得到"信念，借助积极的自我暗示突破限制。

抛弃"我不行，我做不到"的消极暗示，转变为"我能行，我能做到"的积极暗示。为强化暗示，我们可以对着镜子反复练习，也可以将这句话写在便笺上或手机的备忘录里，随时提醒自己。

面对镜子里的自己，我们可以看着自己的眼睛做一个全面观察。注意，这里要避免出现任何批判性想法，例如"怎么又胖了／气色一点儿也不好／你不应该这样做／你真糟糕"，可以客观地描述自己"头发长长了""眼角有纹路""笑起来有酒窝"，也可以阐述一下现在的感受"从来没有这样观察自己，有点害羞／有点兴奋"，然后真诚地告诉自己：我相信你可以的。这便是一种积极的自我暗示。

第二，目标指向结果，而不是他人的评价。

曾有段时间，新疆少年阿尔法经常活跃在中央电视台的节目中，有一次别人问他："上台表演不害怕吗？"他说："害怕。但我有一种方法可以让自己不那么害怕，那就是把坐在台下的观众想象成青菜和萝卜。对着青菜和萝卜说话，它们是不会有反应的，当我不再关注别人的反应时，我就变得自信起来。接下来我只需要尽情地展示自己就可以了。"很多表演者在面对舞台产生恐惧时，都曾使用类似的方法——避免观众的评价，就可以缓解紧张情绪，让自己变得自信。

我们在行动时经常体验到紧张、担忧和害怕等心情，这是因为我们害怕出错，害怕失败，害怕随之而来的负面评价与反馈。但是，他人的评价未必全面、准确。在社会生活中担任某一角色的个人并不是完美的个体，存在认知缺陷，个人的评价与批评只限于特定情境，并且带着强烈的主观意识，我们可以认同，也可以不认同。

行为的发起者是我们自己，行为目标指向结果，在这个过程中，我们的行为不免会引起他人的评价，但我们能掌控的是行为的结果，而不是他人的评价。如果在行动之前就受困于他人的评价，那么我们连迈出第一步的勇气都没有。因此，突破自我设限的第二种方法，就是尽可能地减少他人评价对自己的影响。

第三，创造一次突破性体验。

还记得自己的成功体验吗？尽管我们屡次经历打击和失败，但成功也曾向我们招手。回想成功带来的突破性体验能够帮助我们击退"我不行"的念头。

曾经的我并不擅长表达自己，每次上台前都非常紧张。犹记得在中德高级心理治疗师连续培训项目（中德班）培训时，我由于英语口语太差，上台发怵，以至于错失了很多突破自己的机会。在一次晚宴中，我决定尝试突破自己，我告诉自己，要把握机会。于是我表演了刚学会的魔术，表演时非常紧张，还好魔术比较成功，赢得了大家热烈的掌声。经过那次突破性体验，我打破了惧怕在公众面前讲话的障碍。现在，即使面对几百人、几千人进行演讲，我也不会紧张。更神奇的是，那次突破性体验还给我带来了意想不到的改变——我变得喜欢和人说话，喜欢在别人面前表达自己。

"做不到"的念头是一件又一件失败的事情累积带来的，"做得到"的念头也可以通过体验成功的经历达成。每个独一无二的我，通过不断练习和尝试突破，总有机会大放异彩。

创造一次突破性体验，给自己多一些积极的心理暗示，一旦成功，那种突破的喜悦就将重塑自我，并产生深远的影响。来吧，让我们投入其中，尽情表达自己，把情绪、感受暂时抛诸脑后，慢慢地，我们就会突破那些限制。

第二章

我与他人

和任何人都聊得来

聊天是最直接的建立关系的方式，也是最直观的展示关系的方式。不论面对熟悉的人，还是面对第一次见面的人，一场愉快的聊天都能凸显我们的沟通能力。

莉莉[①]，性格内向，初入职场，她想尽快与同事们打成一片，但不知道怎么做才好。她尝试加入同事的聊天，但总是担心自己的话题不够有趣或冒犯他人，因此她很放不开，不能及时回应同事，聊天总是以冷场结束。

---

① 本书案例中提及的人名均为化名，如有雷同，纯属巧合。

汤姆，工作经验丰富，自身条件优秀，性格开朗、健谈，面对自己感兴趣或熟悉的话题，总是滔滔不绝，讨厌自己的话被打断，对别人的发言不感兴趣。汤姆谈了三场恋爱都失败了，而且前女友们提出分手的理由都一样：汤姆的单向输出让人感到无聊，聊天聊不到一起。

以莉莉和汤姆为代表的两类人在沟通上的苦恼在咨询室经常可以听到，这也是我们在与他人聊天时，最容易陷入的误区。

日常聊天的三大误区

误区一：有我没你。

聊天是一个互动的过程，双方的表达与情绪状态都需要被关注与考量。汤姆在聊天中只有自己的表达，忽视对方的情绪状态；莉莉则太在意对方的感受，无法及时表达自己的感受。莉莉一直纠结于别人的看法，似乎很在意对方，但是这些都是她的想象，并非客观事实。不论对方做出什么样的回应，莉莉都会陷入自己的思绪，并且大多是负面的猜想。缺乏互动的聊天也将无法继续下去。

误区二：只说不听。

汤姆是典型的"只说不听"，不论对方是否对话题感兴趣，他总是沉浸在自己的"演讲"中。两个人的聊天变成了一个人的演讲，谈话自然就进行不下去。一场沟通顺利的聊天，倾听比观点输出更重要。对方的感受、对方要传递的信息、对方的诉求都需要通过倾听获得并给予回应。在沟通过程中，信息会因为彼此理解的差异而无法被百分之百地传递，因此需要双方揣摩对方的语气、动作、声调和表情等。这样才能做出及时的回应，有效传递信息。

误区三：肆意评价对错与好坏。

在第一章中，我们区分过事实、观点和感受，聊天的内容无外乎这些。其中，事实可以判断真假，而观点和感受没有对错与好坏之分。观点不同，是因为标准和立场不同。感受不同，是因为每个个体都是独特的。这个世界多元而包容，每个人都有表达的权利，聊天是为了了解彼此和构建关系，肆意评价好与坏，是对对方的冒犯；过分争辩对与错，将损害双方的关系。

愉悦聊天四步法

聊天是一个需要配合的过程。如果把聊天想象成跳双人舞，要想完成表演，就需要前期的邀请作为铺垫，中间进行积极的互动，使用亲近的表达，并且加上一个充满仪式感的收尾。如此，这段舞蹈会是赏心悦目的，我们的聊天也会是愉快美妙的。

第一步：铺垫。当我们想和别人聊天时，首先要传递给对方一个信号——我想和你聊天。

一般情况下，在开始一段对话时，不建议选择太深奥的话题，往往以搭讪为开场——"现在有空吗？""这件衣服不错呀！"像是邀请共舞时伸出的手，铺垫就是在进入话题之前，让对方感受到你对他感兴趣，并且表达想和他聊天的意愿。

第二步：互动。当对方接受了你的邀请，双方便要努力配合彼此的舞步。互动过程要注意两个关键词：代入感和投入感。

代入感是指我们在表述一件事情时，使用讲故事的方式。比如：谁，在哪天，在哪里，遇到了哪些人，发生了哪些事情……故事讲得好，便能引人入胜，让对方产生代入感。

投入感则指让对方感觉到你进入了对方描绘的情境和情绪。当对方在表达时，你有眼神的注视和开放式的肢体语言（身体放松、敞开，面向说话者，保持一个倾听的姿势），同时给予适宜的反馈和回应，随时传递出"我在认真听你讲话"这一信号。当对方在讲述时，我们可以给出一些言语的反馈。例如：重复其中的关键词或短语表示你在倾听，也可以使用"然后怎么样了？""是吗？""嗯"之类的词句鼓励对方继续表达。当然这种反馈只是表明我在听，而不能作为对对方的回应。需要特别提醒的一点是，在交谈过程中需要注意文化和性别的差异，眼神持续注视有时可能会变成骚扰，建议根据双方的熟悉程度选择视线的落点。

在互动过程中，代入感和投入感能让我们产生一种最重要的感觉——存在感，即被重要的人发现、关注。如果聊天的双方都能够感受到自己被关注，那么话题往往能够顺利进行下去。

在生活中，常常可以看到这样的情景：孩子从学校放学回来，想要和家长分享一些在学校里发生的事情。当孩子讲述时，家长却忙着做别的事情，完全没有注意到孩子，这将让孩子产生一种挫败感，长此以往，孩子便越来越不愿意和家长交流。建议家长不妨与孩子商量，重新选择一个"聊天时间"，可以在晚上睡觉前或者在晚饭后。家长与孩子尽情沟通，可以增强代入感和投入感。

第三步：亲近的表达。聊天中一些话题能够促进彼此的表达，让双方更加亲近。例如无伤大雅的八卦新闻，谈论共同认识的人，适当表达和对方聊天时感受到愉悦的心情，在交流过程体验到的舒适感，以及对下次聊天的期待。以色列历史学家尤瓦尔·赫拉利（Yuval Harari）在《人类简史》中提到过一个"八卦理论"——人类语言的重要用途不是发出预警，而是谈论我们自己，了解在部落中谁最诚实，谁和谁关系好，谁和谁关系不好。这促进了群体的发展。而情绪的表达能够给对方提供价值体验，让对方产生成就感——这代表自己能够在别人的生命轨迹中留下痕迹，代表被人喜欢。

肯定和认同是表达亲近的一种好方法。例如你的朋友失恋了，向你诉说痛苦，这时你有这样两种回应："失恋了一定很难过吧，这段时间看你闷闷不乐的。我也失恋过，我知道那种感觉"，或者"这有什么，别为了一棵树，放弃整片森林"。前者认同朋友的感受，后者表达自己的观点。将心比心，前者的回应属于亲近的表达。也有人认同后一种回应，但后者的回应明显忽视了对方的感受，只是在进行观点输出，隐藏意思是，"别管你的情绪，按照我的想法来"。这样的回应并不能起到安慰作用。聊天效果不以个人意愿作为参考，而是以对话双方的情况为准。

第四步：充满仪式感的收尾。沟通是一个完整的过程，表演结束需要谢幕，聊天需要收尾。

仪式感是我们表达在意对方的一种方法，纪念日的卡片，出门前的吻别，有时只需要一句话、一个动作。充满仪式感的结尾是指需要一个人以恰当的方式退出交流，给这次交谈画上句号。突然终止的聊天容易让对方产生不悦情绪，觉得你是在应付。建议在结束聊天时，做一些铺垫，再次表达与对方聊天感到很愉悦，最后带着不舍的情绪结束交流。例如，在聊天过程中提前告知需要离开的时间，或者明确传递出"今天就聊到这里"，并在结束时补充一句："和你聊天很愉快，改天再约／明天继续／吃完饭我来找你。"离开时，拥抱一下，握一下手，也可以回头示意，表示你的依依不舍。这都会让对方感到被重视，并且对下一次的聊天充满期待。

沟通心理学中有很多增进交流的方法，但是好的聊天并不需要过多的套路，希望这些文字能为还没有准备好与他人畅快聊天的人加油打气。我们敞开心扉，沉浸其中，便能收获一场愉快的聊天。

建立良好的信任关系

现代社会是一个需要相互合作的社会，信任他人和被他人信任都十分重要。缺乏信任的关系，就像一部没有信号的手机，关键时刻派不上用场。信任是影响关系状态的重要因素，拥有信任，人们可以感受来自关系的滋养和成全；缺少信任，人们则在相互关系中不断地被消耗和剥夺。

现实生活中，不信任的情况越发常见——看到法制案例中的婚姻问题，有些人便不再相信爱情；看到时事新闻中以偏概全的讨论，有些人便不再信任社会环境……很多人认为，自己不信任他人，是因为他人不值得信任。然而从心理层面看，不信任其实是一种防御、对抗的心理状态，这是因为我们害怕受到伤害或利益受损。

从呱呱坠地起，我们便与自己的母亲建立联系。在成长过程中，我们与母亲的良性关系可以帮助我们得到两种体验：安全感和边界感。但是，也有一些母亲不断突破边界，利用情感辖制自己的孩子，导致孩子无法获得安全体验。我的母亲就是一个容易焦虑的人，她最常对我说的话是："你出去一定要小心，外面坏人很多。"可是她并不知道，对于小时候的我来说，这样的话语无疑加深了我对社会环境的恐惧，也增加了我的不安全感。当然，了解这些，不是为了让我们去指责自己的父母，只是为了让我们能看到相对的真相，并且了解规律，获得成长的机会。一般来说，在充满爱的环境下成长的孩子安全感比较高，他与这个世界建立的关系是友善的。而在充满焦虑和不安的环境下长大的孩子，内心对这个世界是充满恐惧的。

信任他人是一种能力，我们需要正视自己的内心：我是否处在恐惧和敏感的心理状态下？我看到的人是客观存在的，还是我们自己想象的？我是否有足够的能力承担风险或失误？我是否认同人际关系中存在利益交换的可能？我是否接受"信任他人是有成本的"这一观点？如果我们能够妥善解决这些问题，那么我们就可以与他人建立信任关系。

四种内在关系模式的人如何与他人建立关系

我们可以通过下面四种内在关系模式剖析当下状况并帮助个体通过自我调节信任他人，以及得到他人的信任。

袋鼠型的人把照顾他人和被他人需要当作自己的主要价值来源，所以在一般关系中，袋鼠型人最容易获得他人的信任。只要袋鼠型的人表现出照顾行为，就能够赢得信任。但是这种信任的持续时间不会很长。因为袋鼠型的人照顾他人的本质是对他人的弱化，他们将他人假设为弱小的形象，进而对其展开保护和照顾，久而久之，便侵犯了他人的边界。被照顾者会感到不舒服，而袋鼠型的人也会暴露不信任他人的状态。针对此种情况，袋鼠型的人应反思自己的做法，只有将对方视作一个独立个体，不抱怨对方的拒绝，才能维持他人对自己的信任。与此同时，如果我们想获得袋鼠型的人的信任，就需要肯定对方的照顾，适当地示弱，感谢并听从对方的安排。

蜗牛型的人自我保护意识很强，一旦受到伤害就会躲开，他们的内心并不轻易信任他人。同时，由于他们善于压抑和隐藏自己的真实感受，让对方看不透，蜗牛型的人也不容易获得他人的信任。蜗牛型的人与他人建立信任关系需要比较长的时间，双方为建立彼此信任的关系，蜗牛型的人需要随时提醒自己走出去，释放自己的情感，表达自己的真实感受；为了让蜗牛型的人信任自己，我们需要耐心等待，细心观察，体会理解对方没有表达的真实感受，适时表达关注。

鸵鸟型的人自我感觉良好、骄傲、自恋，由内向外散发着自信，常常是成功且优秀的，因此只要释放自己的个人魅力，就可以吸引他人的注意，并且得到他人的信任。但是鸵鸟型的人包容度比较低，不太会与周围的人共情，且当感到他人依赖自己时，他们会产生排斥心理。因此，鸵鸟型的人要放下自己，信任才能长久。而想要获得鸵鸟型的人的信任，只要赞美他们就可以了。

斑鸠型的人自我防御意识很强，难以与他人建立信任关系。斑鸠型的人可以和同类型的人在工作领域快速合作，但是面对其他类型的人，需要转变认知：利益不是关系的基础。坚实牢固的关系应该是彼此之间有互动，有情感连接。要想让斑鸠型的人快速信任自己，我们需要从理性层面说服对方，或是展现自己能为他提供的利益。

快速赢得他人的信任

他人信任我们，就意味着我们拥有强大的魅力，开展工作也会顺利。然而，我们不仅要维持与他人长久的信任关系，很多时候，我们还需要在初识时便快速获得他人的信任。我们可以试试以下几种方法。

第一，建立良好的第一印象，一定要微笑、微笑、微笑。

美国心理学家洛钦斯（Lochins）发现，交往双方形成的第一印象对今后关系有很大的影响，即"先入为主"带来的效果不容忽视，这个现象被称为"首因效应"。第一印象虽然并不总是正确的，但却是最鲜明、最牢固的，并且影响着以后双方交往的进程。如果一个人在初次见面时，给他人留下了良好的印象，人们会更愿意亲近他、信任他。所以，与别人第一次见面时，不要忘记关注一下自己的穿着打扮和言谈举止。得体的仪表、礼貌的语言能显示出你对他人的尊重与重视，也更容易取得他人的信任。

第二，散发自己的独特魅力。

心理学研究者进行过一个实验：在一个房间里有 11 位男生，当一位漂亮的女生走进房间时，其中 10 位男生都齐刷刷地看向这位女生，只有 1 位男生并未投来目光。实验结果显示，对这位女生来说，11 人中最能引起她注意的，并不是个子最高或是长相最帅的，而是那个没有看过来的人。一个人越独特，便越容易吸引他人的注意。吸引他人的关注就意味着激起了他人的兴趣，而这时就是获得信任的契机。

第三，关注细节。

关注与对方有关的细节，让对方感到被尊重，可以快速获得对方的信任。我与自己的关系，是所有人际关系的基础。在一段关系中，我们期待自己被看见，同时这也是每个人的内心都具有的期待。我们通过那些容易被忽视的细节验证他人对我们的重视程度，同样的道理，也可以用于表明我们对他人的重视程度。

我做过一段时间的产品销售员，为了对接一位业内有名的代理商，连续上门拜访 6 次都无功而返，她甚至连我递上来的资料都未翻开。在第 7 次拜访时，我提前做足了功课，打听到她爱吃葡萄。我做了最坏的打算，结果她眼神变得柔和，向我要了资料并仔细地看了起来。她说，感觉到了我的诚意，尤其是我带着葡萄的细节打动了她。后来我们的合作很顺利，并且成了忘年交，关系一直保持到现在。

第四，尝试向对方寻求帮助。

很多人误以为展示自己的强大才能获得更多的信任，事实上，适当地示弱更能拉近我们与他人之间的距离。心理学研究发现，人们更喜欢向自己求助的人，而不是为自己提供帮助的人。受到帮助的人，向我们呈现的是感激、愉快和获得帮助后的喜悦。对方的表现就像一面镜子，我们从中看到的自己是"被他人喜欢、被他人需要的"，即我们能够证明自己的价值。而当我们寻求帮助时，我们在对方的表情和态度中，会看到无奈，甚至是嫌弃，这会破坏我们心中"好的自己"的印象。

在寻求帮助时，建议先提出小要求，不要一下子把要求提得过高、过大，等对方满足了你的第一个小要求后，再提出进一步的要求，这样就可以顺其自然地建立联系，并获得对方的信任。

获取他人的信任需要技巧，只有在信任他人的基础上，我们才能真正获得他人的信任。

最后和大家分享一个小故事。爸爸带着女儿过独木桥，他担心地对女儿说："宝贝，拉着我的手，这样你就不会掉下去了。"女儿听完后却说："不，爸爸，你拉着我的手。"爸爸很疑惑，问道："这有什么不一样吗？"女儿回答说："不一样的。如果是我拉着你，一旦发生了意外，我会松开你的手，绝不拖累你。但如果是你拉着我，我非常确信，不论发生什么事，你都不会松开我的手。"

信任的本质不是捆绑，而是一种更深层次的连接。信任给予了我们在关系中的安全感，让我们在关系中可以放心选择，可以真诚地称赞，也可以没有顾虑地拒绝，直面关系中所有的冲突和意外。

赞美到他人心里

心理学家威廉·詹姆斯（William James）曾说："在人类的天性中，最深层次本性是渴望得到他人的重视。"被赞美的感觉，就是被他人重视的感觉。可以说，在人际交往中，人人都希望得到他人的夸奖和赞美。然而，很多时候我们难以将赞美坦然、毫不犹豫地说出口，因为我们常常误解赞美。

赞美不是阿谀奉承。尽管二者使用的词汇或表达方式时有类似，却体现了关系中的不同状态。奉承的目标是讨好，并期待借此为自己带来好的结果。讨好他人意味着刻意贬低自己，甚至会违背自己的意愿而去满足对方的需求，这会让很多人感到不适。赞美的本质是表达认同，不存在对自己的忽视。前者将对方视为资源的拥有者和给予方并仰视对方，后者将对方视为平等的交往对象。在生活中，我们会看到很多关系建立在刻意奉承而不是真诚赞美的基础上，虽然有时会获得期望的结果，但是这样做并不能建立健康长久的关系。

赞美也不是客气。基于社交礼仪和规则，我们会说"你能来真是让寒舍蓬荜生辉""见到你三生有幸"，这些不是赞美，只是为了彰显说话者的风度，往往与对方的言行无关。如果把客套和赞美等同，赞美就变成了敷衍。

赞美更不是感谢。我们表达感谢，是为了回应帮助我们的人。而赞美认同的是对方的某个特质或某种行为，是发自内心的肯定，并不倚仗他人的付出。例如在朋友完成了比赛，同事穿了新的外套时，我们表达赞美。

赞美是发自内心的欣赏，就像我们看到一朵花，闻到它的芬芳，看到它的鲜艳，于是感叹"何须浅碧深红色，自是花中第一流"。如果不是发自内心的认同，人们自然难以开口，即使话说出口也是违心的。牵强、刻意、虚假的夸赞，不论装饰了怎样华丽的辞藻，都会让对方感知到背后的不真诚，让人反感。真诚的赞美，代表我们不仅获得了一定的自我价值感，也能接纳他人的价值感。

当然，也有人听不得他人的赞美，来自他人的赞美不会让他感到满足，而是让他感到窒息。赞美只会让他感受到他人的期待带来的压力，因此，在听到赞美时，他会越发感到焦虑不安。他会推托说这都是侥幸，是有人帮忙，甚至会回避称赞者的眼神，借故赶紧离开。我们的文化强调谦虚和戒骄戒躁，很多人因此对来自他人的赞美感到不自在。害怕被赞美的人是焦虑的，自我价值是受损的。所以，在表达赞美时，我们也要关注对方的特质，避免赞美变成毒药。

如何高效、高质量地表达赞美

如何高效、高质量地表达赞美，我总结了以下几点分享给大家。

第一，赞美的抽象化。

抽象化与具象化相对。在生活中，我们习惯使用具象化的表述。例如看到同事穿了一件新衣服，我们会说："这件衣服你穿真好看。"这样的表达清晰明确，却隐藏了一个弊端——观点差异而产生反效果。具象化的赞美往往掺杂个人的主观评价。当评价标准和感受不一致时，对方听到的便不是赞美，而是否定；感受到的便不是真诚，而是敷衍。

抽象化的赞美则可以避免这样的问题，更贴近对方的心意。例如，你可以说："这件衣服穿在你身上，体现了独特的美，有一种和平时不同的气质。"抽象化的赞美留出了一个交流和想象的空间。

人与人的认知不可能百分百相同。要想赞美到对方的心里，就需要从对方的角度和立场出发。我们的确真诚地发出了赞美，但如果没有契合对方的心理期待，那么赞美将无法有效传达。若我们将赞美抽象化，给对方留下丰富的想象空间，涵盖的范畴也会增大，有机会与对方的期待匹配。

第二，赞美的差异化。

差异化的赞美让人印象深刻。假如你称赞一位美女长得漂亮、身材好，她一般不会有什么感觉。因为她经常听到这样的赞美，次数多了，只会认为这是在陈述一个事实罢了。这种现象在心理学中被称为"边际效应递减"。

边际效应递减，是指在其他条件不变的情况下，如果连续等量地增加某一种投入要素（赞美），增加到一定程度后，所提供的产品增量就会下降（赞美效果折损）。德国经济学家赫尔曼·戈森（Hermann Gossen）提出，同一享乐不断重复，则其带来的享受逐渐递减。用于人际交往中，就是指过多的赞美会起到反作用。重复不变的称赞话术，会让人怀疑言语的真诚度和真实性，同时，其所带来的愉悦感和满足感也会随着重复次数的增加而不断减少。

差异化赞美，让人眼前一亮，避免边际效应递减现象的产生。同样是面对这位美女，如果你说："你很漂亮，明明可以靠颜值吃饭，却偏偏靠才华。我真的很欣赏你的努力，向你学习。"这样的赞美一定会让这位美女感到舒适，将有利于促进你们之间关系的发展。

赞美他人，语言不一定是华丽的，但是丰富的词语能够让赞美更具新意。网络流行用语，如视频弹幕和评论留言中

"666""YYDS"之类的简称代号，虽然便于输入，但是也让我们的赞美单一化。汉语博大精深，诗词歌赋中不乏赞美词句，有意识地积累和运用，可以让我们的赞美脱颖而出，直达对方的心里。

此外，赞美的差异化表达还要求我们面对不同的人，使用不同的表述。"你如此优秀，向你学习""你真可爱"，要根据不同的对象设计不同的赞美语言，才能让人感受到你的真诚，而不会沦为敷衍的场面话。

第三，赞美对方的最高层级的需求。

美国著名社会心理学家亚伯拉罕·马斯洛（Abraham Maslow）按照人们社会生活的全面需要将需求分为若干等级，依次是生存需求，包括吃饱穿暖、保证睡眠等保证生命存续的需求；安全需求，包括人身安全、财产保障等；爱和情感归属的需求，即对各种情感的需求；尊重的需求，包括自尊、被他人尊重等个人成就得到社会承认的需求；自我实现的需求，包括道德、公平与正义、创造力等个人的理想得到最大限度发挥的需求。

自我实现的需求是人最高层级的需求，也让人收获最大化的满足感。称赞一个人的生活优渥、工作稳定，这只是在回应他较低层级的需求。这些需求的满足虽然令人感到愉快，但是满足程度并不高。"你真的太成功了，挣了这么多钱，衣食无忧……"和"我想你一定有很独特的人格魅力和非凡的心志，不然无法想象，你是如何做到像现在这么成功的"，哪一句更能打动你？

犹记得和老友相聚时，他在饭桌上对我说的一番话，他说："我们这几个朋友都为你感到骄傲，但是我也知道，你一个人能有今天的成就，一定非常不容易。"那一刻，我十分感动，我觉得自己的很多努力都被他看到了，我的理想和初心都是值得的。朋友的这几句话，是我收到的最好的赞美和认同。

我们渴望认同，渴望的是他人看到我们的能力与价值，看到我们的潜力。赞美这些会让我们感到满足和认同。赞美是在认同他人，而赞美也需要得到他人的认同，如此，才能真正到达对方的心里。

请求原谅的正确态度

道歉是人与人之间一种比较常见的互动行为，每每发生时，都伴随着一件"错了"或"不被期待"的事件。道歉是一种会触发心理防御机制的行为。

心理防御机制是一种自我保护机制，一个人遇到让自己感到紧张的冲突情境，就会自觉或不自觉地产生一种摆脱烦恼、减轻不安、恢复平稳的心理活动，就像开启了某种"防御自尊损伤"的机制。心理防御机制有很多种，当人们做错事时，最容易启动的心理防御机制是"合理化"：尽量收集一些理由来满足自己内心的需求，作为一个合理的解释，以掩饰自己的过失，减缓焦虑带来的痛苦，并维护自尊免受伤害。例如，把自己的过错归结于其他原因。当学生考试失败，不愿承认是自己准备不足，而说是老师评卷不公或考题超出了范围；当将军战败，不愿意承认是自己决策失误，而说是"天亡我也，非战之罪"；应酬晚归，说是为了生意或工作联络感情；自身实力弱导致球赛输了，便说是天气恶劣影响比赛……

不论错误导致的后果是否严重，人们都会启动心理防御机制，你是否在说对不起的同时，还会加上一句"这是意外，我不是故意的"？这就是将过错合理化。因为如果承认失误，承认自己不好，就意味着要受到批评和惩罚。为了避免受到惩罚，就只有让过失合理化或推诿过错。通常父母越严苛，孩子越容易采取这样的心理防御机制，但成长就是一个不断试错的过程，没有人不会失误，没有人不会犯错。

认错、共情和弥补

能够直面自己的错误，是自我的成熟；能够直面并妥善解决关系中的错误，这将有利于拓宽关系的边界，也代表关系将更加稳固。因此，道歉也是沟通心理学中一个重要的内容。道歉是一个过程，既有行为也有态度，它涉及三个关键词：认错、共情和弥补。

认错，就是承认过错，不推卸责任。以上班迟到为例，通常人们会说，因为堵车／闹钟没响／昨天睡太晚，所以上班迟到了。这里的理由便有推卸责任之嫌，承认错误则是"我上班迟到了"。其实，说"对不起"是一件非常需要勇气的事情。现在的你也可以试试代入自己，说出"我迟到了"，是不是觉得自己的话没有说完，接下来便想马上给出一个理由。认错，就是清晰地说出自己的失误："我摔碎了碗""我没有写作业""我面试没通过""对不起，是我的错"。

伊利诺伊大学的一位心理学教授做过这样一个实验，他安排一位实验者骑自行车，然后看似不小心地撞到路人，紧接着，实验者以不同的方式向路人道歉，结果显示大部分路人更愿意接受的道歉方式是："真的抱歉，我的行为让你受伤了，这次事故的发生完全是我的责任，是我骑得太快没有仔细看路，你伤得怎么样？需不需要我陪你到医院看看？"骑车人直面自己的责任和过失，承认了自己的错误。

共情，就是体验别人的内心感受，理解对方的情绪。这是心理咨询师最应具备的一种能力：尽可能地站在来访者的立场，也可以理解为感同身受，理解和感受来访者的思维模式和情绪体验，尤其是体会受到伤害的一方的感受。小林是我接待过的一位来访者，他向我讲述了自己在朋友家做客的经历，因为不小心摔碎了朋友的奖杯，蒙了的小林赶紧向朋友道歉："对不起，一个不小心打碎了你的奖杯，我真的不是故意的。你可别骂我呀，其实按照你的实力，以后再拿几个也不是啥难事。一个奖杯而已，没什么大不了。"听到小林的道歉，朋友一脸不悦，因为这件事，原本要好的两个人关系出现了裂痕。在道歉的过程中，小林完全没有与朋友共情，没有体会到朋友的难过、伤心情绪，以及看到奖杯破碎后的无能为力感。为了减轻自己的羞耻和懊恼情绪，小林无视朋友的感受，甚至会觉得，我都这样低三下四地道歉了，你还要怎么样！然而，只有真正共情对方的感受，从对方的角度出发，才能被对方原谅。

弥补过错，是选择一个让损失降到最小的方案。过错已经发生，损失也已经出现，最好的解决方案就是补救，加班把因为迟到而耽误的工作完成，找人修复奖杯，在学习中查漏补缺……如何弥补过错往往能够体现一个人的诚意。有时我们会想着，自己的方案可能不符合对方的预期，不如让对方提供解决方案。其实这也是一种推卸责任的做法，毕竟只有经过自己费心考量才能谨记经验教训。

如果实在想不到解决的办法，也可以试试让对方的注意力从当下的负面情绪中转移，用一种快乐体验替代难过体验，这也是一种弥补，即所谓的"将功补过"。例如迟到耽误了大家的工作进程，我们可以帮助他人处理工作中的一些琐事作为弥补。

当我们选择道歉时，内心难免会感到焦虑、羞耻，缓解这类负面情绪的有效方法是求得对方的谅解。但是道歉与原谅之间并不存在必然的因果关系。人们有时会说："我已经道歉了，你怎么还揪着不放，为什么不原谅我？"虽然我们已经为自己的过错道歉，但是否原谅是对方的选择。每个人只能决定自己的行为，不能决定对方的行为。其实，很多心理困境的发生就是误以为自己可以改变对方的行为，结果对方无动于衷，而自己委屈痛苦。我们可以尝试去影响对方，但不能要求对方按照我们的意愿行动。

如何通过道歉获得对方原谅

能否有效道歉并求得对方的原谅，将影响双方的关系。为了维护关系，我们可以调整道歉的方式，尽量获得对方的原谅。

首先，要有真诚的态度。

不安与愧疚，难过与伤心，道歉的双方都经历了身心的损伤。然而，此时的我们依旧是合作关系，而不是对立关系。合作意味着互惠共赢，目标是互相理解。对立关系则具有攻击性，充满火药味："你要是走路时不看手机，我就不会撞到你，你也不是完全没有责任""我知道我不应该这样做，可是我看大家都这样做，所以我才做的，这不能怪我"，这些都是在攻击与推诿，只会让双方矛盾加深。

所谓真诚的态度就是争取对方的理解，减少和避免指责以及推卸责任。

其次，把握道歉的时机。

道歉有一个最佳时机：太早，别人怀疑你的态度是否真诚；太晚，别人质疑你并不愿意道歉，有时还会默默地在心里把你拉入"黑名单"，无视你所有的行动。早与晚，并不是指发生的时间，而是指对方是否充分表达了自己的情绪和观点。抢在对方没有反应之前行动，抢到的往往是"战机"——占据一个立场，攻击对方的过失之处，从而减轻自己因犯错而产生的心理压力；或者等待对方彻底遗忘这件事，完全消气，以为这时再道歉就可以被谅解，或是直接省略道歉，等来的只会是更大的矛盾爆发。

道歉的最佳时机是等对方释放和表达了所有的个人情绪和观点后再采取行动。这不仅是对对方的尊重，也是了解对方感受、做到共情的方法。

最后，做出承诺。

我们可以向对方承诺这样的行为不会再次发生。承诺指向未来，代表我们希望关系能够继续下去。承诺不能停留在口头上，更重要的是落实在行动上。有时，人们说"我会改，我不会再犯"，可是依旧我行我素，这只会让人质疑承诺的可靠性，也会增加对方选择原谅的成本。如果你常常做出承诺，但是无法落实到行动上，那么，你需要更新认知，反省自己是否真的认识到错误。

我们不能预测未来某件事情是否会发生，人们也担心是否会因此让自己陷入食言而肥的境地。其实，承诺也可以不指向结果，而指向过程。努力改进也是一种承诺。我们不能确定以后不会再迟到，但是从今天开始，我们可以多准备一个闹钟，晚上提前一小时入睡，拜托早起的家人或朋友早上给我们打电话……看到我们确实在改进，对方就会愿意谅解我们。

　　我们无法避免犯错，于是选择道歉。道歉是因为我们看到了自己的错误，获得原谅只是我们的期待。如果做出了各种努力，对方依旧不谅解，那么尊重他的选择。正是因为存在不被原谅的风险，所以我们在关系中变得更加谨慎，也更加珍惜这段关系。

应对不友善的挑衅

在咨询中，我经常遇到这样的来访者，他在工作中遇到了不友善的同事，被占用资源，被剥夺权益，被抢走功劳，在领导和同事面前被诋毁。虽然处处忍让，伤害却变本加厉，他心里特别郁闷，感到不公平，又因为没有及时反击而懊恼，进而自责和自我否定。更严重的是陷入抑郁的状态，逃避人际交往。

这个世界不总是友善的。在人际关系中，我们有时会受到别人友善的对待，有时会遭到他人恶意的攻击。通常，人们片面地认为攻击与利益争夺有关，与事情的对错有关，但在心理层面，攻击具有更加丰富的内涵。

从内在关系模式看攻击性

从内在关系模式看，斑鸠型的人具有最明显的攻击性，在他们的思维中，没有得到便是失去。他们认为，所有关系都是具有争夺性的，并且把自己定义为必须赢的一方。他们最爱做的，就是通过侵占别人的利益满足自己。斑鸠型的人的攻击来自对关系的理解，与他人无关。

鸵鸟型的人也惯用攻击的方式，像一个"霸道总裁"。例如在职场上具有煽动性，要求下属言听计从；在感情里对伴侣指手画脚，经常数落和嘲笑对方。鸵鸟型的人的攻击来自对内在心理优势的维护，以攻击行为来彰显自己的优秀，虚张声势。鸵鸟型的人的本质就是高自尊和高自卑的结合体。

袋鼠型的人的攻击是变形的，他们很少做出激烈的攻击行为，而是通过入侵边界的方式进行攻击。他们会做出辛苦的样子说"我这都是为了你好哇"，让他人感到自责内疚；也会充满担忧地说"你不行的，别去了，风险太大，太难了"，让人失去信心。袋鼠型的人的攻击主要表现为指责，指责他人没有看到自己的付出，没有发现自己的重要性。

蜗牛型的人的攻击是最难察觉和发现的。蜗牛型的人以被动的方式攻击他人。他们的攻击没有激烈的表现，却也让人不知道如何应对。他们沉默、不回应、不表态，说怎样都行，可是我们知道他们其实是不满意的。蜗牛型的人的攻击是回避性的，他们心中有一个黑名单，但是不会让别人知道。

人格特质中，冲动、敌对、恃强等与攻击行为有关的。人格是一种比较稳定的心理属性，决定了一个人的行为模式和待人接物的方式。在人际关系中，具有攻击性人格的人更容易因为一些小事突然暴怒，同时似乎又有很强的自尊心，并且特别敏感，容易和人发生冲突。对于具有攻击性人格的人来说，攻击他人是一种自我保护的方式，而这必然会引起人际关系的紧张和对立。

个体选择攻击行为的原因可能不止一种。了解攻击性的心理内涵，一方面可以帮助我们识别攻击的本质；另一方面可以帮助我们应对不友善的挑衅。

如何远离不友善的伤害

除了当面回击，我们也可以调整关系模式，采取相应的方式来远离伤害。具体来说，应对攻击的方式包含以下四种。

第一种，不对攻击进行对或错的归类。很多时候，那些挑衅与你本身是否做错没有关系。

小时候，我们都曾被父母责怪、训斥，我们以为是自己做错了事，其实父母有时只是想发泄自己的情绪而已。由于对事物的认知不够全面，导致这种受伤的体验一直根深蒂固地隐藏在我们的潜意识中。当我们再次遭受别人的挑衅或攻击，听到斥责、抱怨的言语时，第一反应便是反思自己是否做错了，有时还会陷入不合理的自我否定中。这时，我们的感受是很糟糕的，有时还会出现本能性的躯体反应：手脚发抖、流泪、呼吸急促。事实上，这些恶意挑衅与我们所做的事情并不相关。

我也经历过一些恶意攻击。有一次我应邀参加一档电视节目，在节目中我对某位明星在某种情境下的行为做了一个心理层面的分析，分析基于客观理论。节目播出后，很多粉丝和网友在我的微博评论区对我进行人身攻击。说实话，当时的感受十分不好。事后，我也反省自己是不是做错了，但经过复盘和思考，我并没有发现自己存在失误。网友们缺乏专业知识，也不了解我，他们的攻击只是在发泄情绪。更确切地说，他们骂的不是真正的我。想通了这些，我也就释然了。

第二种，认识攻击的伤害性。

攻击都是具有伤害性的，挑衅都是恶意的。我们需要识别和判断的是，他人对我们做出的行为是否属于攻击和挑衅。小时候，父母告诉我们："如果有人欺负你，一定要反击。"自我保护是每个人的本能，但是清晰的认知也是一种理性的需要。因为我们会自动开启防御机制，当我们失败和失误时，会将过错合理化，并推卸责任。到底是自己能力欠缺导致竞争失败，还是对方故意诋毁，抢占功劳？是我们的关系模式在发挥作用，还是对方在入侵我们的心理边界？

识别攻击与应对攻击，同样重要。在一段关系中，,很多问题的产生都是因为沟通失败。这需要我们全面认知自己，认知他人，认知关系，只有这样才能帮助我们找到更有效的应对途径。前文提到的微博恶意留言，在我想清楚后，我选择了放下与不回应。我调整了心态，不再内耗，生活也回到了正轨。

第三种，增加自我保护的力量。

我的孩子上幼儿园时经常被一个小朋友欺负，导致他每次回家都很生气。我告诉他，这种情况只有两种选择：其一，增加自己的力量，让对方不敢欺负你；其二，跑得快一点儿，让对方追不上你。我家孩子想了想，选择了第一种，他说希望自己再也不要被欺负。接着，我告诉他："力量提高需要时间，我先送你去学习跆拳道。但是学习的目的不是让你用武力解决问题，而是保护自己。当对方再来挑衅时，你可以不那么害怕，并且有勇气和能力面对他。"学了跆拳道之后，我的孩子再也不害怕那个欺负他的小朋友了。面对那位小朋友时，他也能勇敢地表达自己的想法："你要是再惹我，我就反抗。"最后，两个人反而成了非常要好的朋友。

孩子的方法也适用于我们自己，提高能力，有勇气面对，有能力反抗，有力量保护自己，才有机会做更多的选择。

第四种，化解危机。

当危机发生，我们需要正确评估攻击属性，衡量自己的力量，思考事态后果。最直接的化解方法，就是迎击。尽管我们不主张招惹是非，但也不必怕事。他人的挑衅，不一定是因为我们做错了，也可能是他人开启自我防御机制，为了缓解内心焦虑而做出的应对。我们感到害怕、愤怒和无助，选择正面迎击，便能让我们释放心中的压抑，正所谓"忍无可忍，无须再忍"。

迎击的方式既可以激烈，也可以柔和，其中幽默是一种巧妙的化解方法。在某届金马奖的颁奖现场，嘉宾调侃黄渤的礼服像睡衣："你看看台下，梁朝伟啊、刘德华啊、成龙啊，他们都穿得很隆重的。"听到挑衅的话，黄渤依旧满脸笑容地说："对，对，对，因为他们都是客人嘛。客人到别人家里去当然要穿得隆重一点儿。"黄渤一语双关，巧用幽默轻松化解尴尬。幽默可以通过一些方法进行练习，例如和身边人多多练习，收集、学习幽默语录，等等。

如果不能采取有效的迎击方式，避其锋芒也能化解危机。不必因此自责或否定自己，避险是人的本能，不顾一切冲上去是鲁莽的行为。

挑衅侵犯了我们的边界和底线，有效应对挑衅，便是在维护我们的边界，为我们在关系中找到一个舒适的位置。

得体地拒绝他人

在人际交往中，拒绝他人从来都不是一件简单的事。

儿子问父亲："世界上最难说出口的词什么？"

父亲说："最难说的词就是'不'。"

儿子有点儿不敢相信，说："您开玩笑吧，不，不，不！这真是太容易了，就和呼吸一样简单。"

父亲说："我希望你能在该说这个词的时候，把它说出来。"

第二天，儿子像往常一样去上学，距离学校不远处有一个很深的池塘，冬天孩子们常在那里滑冰。现在，整个湖面都结冰了，但冰层还不是很厚。下午放学，同学们大声喊道："走吧，我们去冰上滑一圈，只有胆小鬼才不敢来。"儿子察觉到危险，本想拒绝，但是又怕被同学们嘲笑，最终还是冲上了冰面。随着冰面上的孩子越来越多，冰面突然裂开了，儿子和另外两位同学掉进了冰冷的湖水里……幸运的是，他们最终被救了上来，此时儿子终于明白了父亲的话，"不"确实是最难说出口的词。

为什么我们难以拒绝他人

生活中的我们也是如此，面对他人的请求无法说出那个简单的"不"字。我们不好意思拒绝他人，因为有的人认为表达自己的需求是可耻的。一直以来，我们受到的教导强调先人后己，于是我们习惯性地将他人的需求放在优先的位置上，当我们的需求和想法与他人不一致时，便难以顺畅地表示拒绝。有的人在拒绝别人时，特别渴望得到对方的谅解，于是寻找各种理由："我不顺路""我把钱借给别人了""我还有工作没完成"……如若对方一一破解这些理由，我们不但拒绝失败，而且感受会更糟糕。有的人渴望自己被他人认可，他们认为一旦拒绝他人请求就是在说"我不行""我做不到"，于是不论多难多辛苦都默默忍受。

无法拒绝他人的人，当自己向他人提出请求时也害怕被他人拒绝。他们认为被拒绝就是被否定，自己不愿意承受被否定的痛苦，还会进一步把这种感受投射给对方，觉得自己被拒绝，对方也会很痛苦。然而，我们所认为的对方可能产生的感觉多半属于猜测和臆想。很多时候，对方并不痛苦，甚至没有特别的感觉。

想拯救他人，想去控制他人，忍不住依赖，不自觉地讨好，过度渴望被理解，一旦分开就感到焦虑，总是猜忌，想知道对方更多的秘密和隐私，等等，都是人际交往中边界不清的表现。我们不忍心拒绝他人，是因为我们存在人际交往边界认知不清晰的问题。在人际交往过程中，对人际交往边界的清晰认知可以帮助我们，分辨关系中哪些是合理的、安全的，哪些界限是不允许对方跨越的。个人交往边界清晰，意味着人们足够敏感和坚定，能够保护自己，也能够避免被他人利用、侵犯。人际交往边界清晰的人，也是生活中我们常常羡慕的一类人：他们知道自己想要什么，可以轻松地做出决定，可以快刀斩乱麻；他们人缘很好，身边总是有丰富的资源，即使拒绝别人也不会影响他们的形象和魅力。他们不纠结、不拧巴，自信独立，有主见，有力量感，活得潇洒自由。

拒绝是每个人的权利，我们还是孩子的时候，就可以大声地说"不"，并且早早就学会了远离让我们感到不舒服的一切。拒绝的力量一直就藏在我们的身体里，只是各种外部规则和自我认知的混乱让我们忘记了自己拥有这个力量。现在，我们试图唤醒这个力量，相信只要我们下定决心，就可以拒绝不合理的要求。

只是，拒绝他人并不是生硬地说一声"不"就可以了，我们还需要注意自己的态度和用词，简洁明了地表示拒绝是我们期待的。但是换位思考，当我们向他人提出请求时，如果只收到一个"不"字，心里是否会感到舒服？这时，我们期待对方可以提供解决方案，既不会破坏关系，也不会损伤自我感受。例如，你要拒绝同事的加班请求，你就可以告诉对方，下班之后我有安排了，今天不能和你一起加班，明天上班的时候我再帮你。

美剧《生活大爆炸》中，主角谢尔顿（Sheldon）行为刻板，智商极高，共情力却极弱，常常提出很多让朋友感到为难却又无法拒绝的要求。他的室友莱昂纳德（Leonard）为此苦恼不已。有一天，谢尔顿想去退换尺寸不合适的床单，因为不会开车，便请求莱昂纳德开车载自己去。莱昂纳德想了想说："我现在有事要做，不能马上带你出门，大约 4 小时之后我才有空，你愿意的话可以等我。"结果谢尔顿想了一下，便提出要找别人帮忙。莱昂纳德拿着书暗自窃喜。这无疑给我们展示了一种有效的拒绝方法——假意答应，并给对方提供新的选择。

如何温和而坚定地说"不"

心理学家唐纳德·温尼科特（Donald W. Winnicott）说过，要心甘情愿地说"好"，温和而坚定地说"不"。如何得体地拒绝别人，非常考验一个人的智慧和能力。我们可以通过练习逐渐掌握拒绝的方法。

做出决定前先衡量一下这个要求是否可以拒绝。以下几个问题可以帮助我们进行思考。

我有权利拒绝对方吗？——如果答案令你感到犹豫，那么你还没有做好心理准备。不要着急，给自己一点儿时间找回拒绝的力量。

这件事对对方重要吗？重要到什么程度？如果拒绝，最糟糕的结果是什么？对于这个结果你需要承担责任吗？

我是对方可以寻求帮助的唯一人选吗？——拯救他人会带给我们成就感，同时也会让我们不忍拒绝。"拯救"意味着我们对人际交往边界认知不清晰，我们可不是超人。

如若应允，会不会好心办坏事？会不会违背我的价值观和基本原则？——坚守原则的人往往比隐忍退让的人更有魅力。

如果我答应帮忙，事情会怎样发展？——内容越详细越好，包括你要付出的时间、投入的精力，以及承担的风险。通常，这些内容很快就会带给你清晰的指引。

当我们收集到这些问题的答案，确认这是一件可以拒绝的事情，接下来我们可以参照以下三个原则进行拒绝。

第一，尊重对方，不评价对方的人格。

社会上的一些人尤其强调"面子""做事要留情面""凡事不看僧面看佛面"，这其实都是指相互的"尊重"。拒绝并不是破坏关系，相反，我们希望通过拒绝更好地维护关系。那么给予对方面子，尊重对方就显得格外重要。不对对方进行负面的评价，不在心中给对方贴上"占便宜""懒惰""没有同理心"之类的标签。提出拒绝，对事不对人。

第二，尊重他人提出需求的权利。

每个人都有表达自己需求的权利，而是否拒绝是我们自己做出的选择。正如法国启蒙思想家伏尔泰的名言："我不同意你的观点，但我誓死捍卫你说话的权利。"同理，我可以拒绝你，但我尊重你的请求。切勿在拒绝时，指责对方不该提出这样的要求，这不利于双方关系的构建。

第三，救急不救穷。

这句话不仅适用于借钱的情境，也适用于其他情境。对于救"穷"而言，有时，拒绝反而是一种成全；否则，他只会越来越依赖你，也不会想着从依赖关系中脱离出来。被拒绝一段时间之后，他获得了成长，甚至会感谢当初你的拒绝。

你不敢拒绝，是因为不想破坏关系。但无数的实践证明，不敢拒绝，只会委屈自己。一段不允许说"不"的关系，是糟糕的，也是难以长久维系的。在关系中，没有办法实现等价交换，时间长了，关系就会失衡、破裂，这样的关系，不如不要。

走出原生家庭

家庭是我们社会化的起点，也是我们最初了解社会的地方。很多人以为只有成年后离开家，才是走入社会，才开始尝试适应社会，其实这一切在家庭中早已发生。原生家庭的生活经验是我们人生中的第一段经历。正因如此，这些经历在我们身上留下的印记会更深，影响更大，就像你走在沙滩上，每一步都会留下深深的脚印。我们要做的不是在空间上离开父母，而是从心理层面走出原生家庭。

对我们而言，家庭是安全的地方，是舒适圈，在这里我们渴望被照顾、被保护。因此，离开家庭对有些人而言是一件非常困难的事情。有的人可能会认为搬出来独自生活就是离开了原生家庭，不可否认，这是一定程度上的离开，但真正脱离原生家庭，就意味着我们要主动、积极地融入各种关系，发展属于自己的人际网络。

正确认识自己与原生家庭的关系

有人说："不是我不愿意离开，是我的父母不舍得离开我。"换句话说，在某些方面，我似乎成了父母索取和掠夺资源的工具。

当我要离开时，父母并没有放手，如果我抗拒或违背他们，就会被责怪，同时会产生一种"不孝"的愧疚感。只有自己"供养"父母和家庭，才是符合父母心中标准的孝顺孩子，这也意味着我们与原生家庭将更加紧密地捆绑在一起。

事实上，并不是原生家庭束缚着你，而是你主动接受原生家庭的影响，而大多数人都不愿意承认这个事实。

也许你清楚地知道原生家庭带给你的体验并不是很好，但你还是需要不断地"供养"它，可能因为在这个状态里，你感到舒适。也许你会说："我并未感到舒适。"舒适是相对而言的。例如，和未知的、陌生的不安相比，它就是舒适的。在不同的事物面前，绝大多数人会选择他们所熟悉的，因为在熟悉的环境中能够体会到安全感，就像习惯于走同一条路去上学，即使这条路在下雨天会变成泥巴路，我们也不愿意去尝试，去冒险，去踏入一条新的道路。因此，你还是选择留在原生家庭这个熟悉的环境中，没有勇气走另一条"新道路"。

有一些人对我说："我其实早就想离开了。"但是你真的想离开吗？可能你只是想摆脱某些控制，但并没有真正想从原生家庭中脱离，你依旧没有减少对原生家庭和对父母的依赖，甚至希望他们能一直照顾你。我们经常会对自己的行为感到不解或困惑，例如对关系的不恰当处理，或许是因为我们的内心忠诚于原生家庭，认同父母与他人相处的关系模式。

我们渴望减少原生家庭带给我们的影响，却又无意识地重复着自己讨厌的被对待方式，这源自我们对父母的深度认同。

一位来访者向我表达了他的困惑，他说他一直没有从原生家庭中真正走出来，即使他现在已经组建了自己的家庭。他不断地以各种方式获取存在感，例如每隔两天就回父母家小住，父母发生任何事情，他都会在第一时间给予关注并着手协调、解决。他害怕被父母忘记，这可能是小时候被父母忽略留下的创伤。有一天孩子问他："爸爸，你怎么总是不回家，是不是忘了我们？"这时他才恍然大悟，意识到自己让孩子过着如他一般被父母忽视的生活。

有些朋友认为自己的父母在某些方面表现得很糟糕，于是绝不允许自己成为那样的人，所以活成了父母的对立面，其实这个对立面是他们内心深处对父母的"认同"。正因为"认同"，所以才会出现与其对立的一面。

如果你能清楚地发现这些问题，就能好好地与原生家庭做一个告别，成为真正的自己。

在网络上，我们经常看到关于要不要原谅父母的话题，很多网友参与争论。我觉得放下比原谅更适合，所谓放下，是指我们不再抓着被伤害的体验不放。成年后，原生家庭带给我们的影响，不论好与坏，我们都要去承认，去接受，也要学着勇敢地放手，真正地与原生家庭告别。

曾经我的父亲对我的不认同给我造成了很大的伤害，后来我坦然地告诉他："你是我的父亲，我很爱你，但是我想做自己，选择自己想要的东西。"这意味着我选择了承认和接受曾经的不愉快，然后放下，最终活出我想要的自己。

真正地爱自己

要爱自己，简单来说，就是自我怜悯，包括理解自我、接纳自我、宽恕自我和鼓励自我。

在生活中，当你的朋友或爱人遭遇了失败和挫折，你是怎样做的？通常，我们会去宽慰他："我会一直相信你，也会在背后支持你。"我们不会去挖苦或讽刺他，也不会去嘲笑或批评他。然而，当我们自己遭遇了挫折和失败，你是怎样回应自己的呢？是像一个知心朋友一样贴心安慰自己，还是严厉指责自己？所谓自我怜悯，就是像关心、理解他人那样，关心、理解自己。尤其是面对自己的消极状态，给予宽容和理解，而不是指责和批评。

很多人会觉得自己当然是关心自己的，可是当你犯错时，你心里会怎么想，是"怎么这么不小心，我可真是个笨蛋，怎么就是不长记性呢"，还是"怎么这么不小心，没关系的，下次一定不会再犯了，我有能力做得更好"？如果不知道如何自我怜悯，那么请想象一下如果是你的朋友遇到这种情况，你会怎样鼓励和安慰他。

每个人都值得被爱，我们有权利爱自己，这与我们所承担的社会角色、所处的社会地位、所掌握的社会资源无关。要做到自我怜悯，有以下四种方法。

第一，改变自我谴责的想法。

当你的脑海中出现对自己的评价时，停下来，想一想，如果换作其他人，你也会做出这样的评价吗？然后找来一面镜子，把自己想象成一个安慰者的角色，充满关怀地回应镜子中的自己，使用亲切、友好、积极的语言逐一替换最初那些谴责的语言。

第二，给自己写一封充满关怀的信。

在这个世界上，最了解我们的只有自己，最清楚当下的真实感受的也只有自己。当我们陷入苦恼，被悲伤、难过、自责、懊恼充斥时，给自己写下一封只有爱、关怀和接纳的信。如果你都无法把对自己的关爱说出口，那么谁又能做到呢？不要把爱自己这件事完全交给别人。写完信之后，不要封存，一定要经常阅读，感受那种无条件的爱。

第三，给自己一些充满爱意的轻抚。

爱抚与拥抱是烙印在我们身体里最原始、最有效的安慰方法。当我们还是婴儿时，温暖的怀抱最能安慰哭闹的我们。长大后，伴侣之间的身体接触也总能化解我们的疲惫。当我们遭受挫折，一个人舔舐伤口时，也可以给自己一些轻抚。例如双臂在胸前交叉，双手有节奏地拍打自己的肩膀；双手揉搓，手掌温热后，双手轻轻地摸摸自己的额头和脸颊；或者给自己的双腿、肩颈做一些按摩。这对于平复心情、缓解疲惫，有很大的帮助。如果有失眠的烦恼，就在睡觉时，侧卧成孩子的睡姿，然后用手轻轻拍在自己的身上。这是一个促进睡眠的方法，是身体的记忆。

第四，坚持写感恩日记。

倾诉是一个有效缓解压力和释放痛苦的方法。但是很多时候，我们的倾诉会被打断，伴侣、父母、朋友总是会忍不住给予建议，忍不住表达想法。而这些表达很容易将情绪转变，将倾诉的话题带偏。日记是一种不会被打扰的倾诉。如果经历了特殊事件，我们可以尝试怀着敬畏的心情将它记录下来。日记没有格式和内容的要求，可以详细，可以简略。最重要的，这是一个感恩日记，尽可能记录美好的事情和幸福的感受，以及生活中小小的幸运。如果这些快乐的经验与自己有关，就更好了。

阿德勒说："有时我们是有选择的，我们在原生家庭中不愿意出来，其实也是一种选择。如果你要出来，需要一些勇气，你可以选择另一种方式去过你自己的人生。"如何选择，没有人可以帮助你，但是在选择的过程中，你可以通过学习获得一些勇气。对关系的讨论，对有效沟通的了解，都是在积累勇气，也希望这几节的内容能为你解决现在的困扰提供勇气。接下来的章节，我们会继续讨论在生活中遇到的更加具体的问题，将这份力量延续。

理想伴侣不出现怎么办

时常有人在和我谈及恋爱问题时，发出这样的追问：为什么我总是遇不到理想的另一半？

其实这个问题的答案很简单——阻碍我们找到理想另一半的根本原因是我们在心里已经设定了理想伴侣的标准，并依照这个标准寻找伴侣。

譬如，一位女性来访者说："我希望我的男朋友能够有很多时间陪伴我。同时，我希望他是一个有钱人。为什么我一直找不到这样的人？"我告诉她，一个人要赚很多钱，一定会非常忙碌，他需要把大部分的心思都放在工作上，而且要处理很多事情，要比平常人更努力。所以，"有很多时间陪伴你"和"有钱"，大多时候是矛盾的，如果依照这个标准找伴侣，那么大概率是无法实现愿望的。这就是完美的期待和现实的状况无法统一的典型例子。

从心理学的角度看，人们对理想伴侣产生幻想，并不是发生在成年后，而是在出生后的前 18 个月。处在这个年龄段的婴儿觉得自己与世界是一体的，直到他们慢慢长大后才能逐渐把自己和世界区分开来。由于每个人的大脑都有将事物理想化的倾向，于是人们会把婴儿时期的情感依赖对象逐渐理想化。

譬如，我们觉得领导应该永远不会犯错，自己的审美是无可挑剔的，自己的孩子总是最优秀的，这些不切实际的幻想也会被用于寻找伴侣，并希望伴侣符合我们的全部期待。如果一个人缺乏独立性，充满依赖感，他就越发对理想伴侣充满期待。

那么对应到四种内在关系模式的人心中的理想化期待，具体又是怎样阻碍他们找到理想伴侣的呢？

对蜗牛型的人来说，他们的行动被恐惧驱使。换句话说，他们会害怕因为没有完成某件事而受到惩罚。所以当他们遇到一个人时，他们首先会观察这个人的缺点，思考这段关系有哪些地方不符合他们的理想标准。因为蜗牛型的人害怕这些让他们不满意的地方会阻碍自己与这个人继续相处下去。

日本作家村上春树在他的短篇小说《遇到百分之百的女孩》中，生动地描绘了一场典型的蜗牛型的人的恋爱。在一个春天的早上，主人公在原宿的街头遇到了完全符合自己期待的女孩，他开始构思怎样和女孩搭话。可是想到自己已经30多岁了，看起来也很普通，主人公有些犹豫，于是他又迅速在心里构思了一个美好的故事，打算讲给女孩听，让女孩相信他们的相遇其实是命中注定的。但由于主人公过分纠结，故事的结局是女孩与主人公擦肩而过，而主人公最终也没有鼓起勇气和女孩说上一句话。

内心戏过多，患得患失，害怕结局会让自己失望，这些问题导致主人公无法开启这段恋情。这就是大部分蜗牛型的人的心病，担心会有一个糟糕的结局，错过了开始。

袋鼠型的人的行动都是由自恋驱使的。换句话说，他们为一段关系所付出的一切，都是为了满足他们实现自我价值感的需求。所以，当袋鼠型的人遇到可能的理想伴侣时，他们会首先衡量一下自己的付出，如果付出没有得到相应的回报，袋鼠型的人便无意开始这段关系，也将无法继续这段关系。

一位朋友总爱带着自己的父母去米其林餐厅吃饭，生性节俭的老人每次都只点最便宜的菜品，过后还总抱怨朋友太浪费，朋友因此感到很委屈。我建议朋友带他的父母去一些不那么贵但是有特色的餐厅，朋友听从了建议，两位老人不再纠结价格，吃得很开心。

爱的本质是尊重对方本来的样子，包括他们的意愿。与上面提到的这个例子一样，在亲密关系中，袋鼠型的人如果一厢情愿地只想满足自己的需要和实现自己的价值，不考虑对方的需求，那么对方不仅不会感谢，还会抱怨和指责。袋鼠型的人因此会觉得特别委屈，两人的关系也就无法继续下去了。

鸵鸟型的人的行动都是被成就感驱使的。一个人在什么时候会有成就感？那就是压倒对手的那一瞬间。所以，对于鸵鸟型的人来说，他们总是想与他人竞争。所以很多时候，鸵鸟型的人容易把两个人之间的亲密关系发展为竞争关系。慢慢地，双方也就相处不下去了。

曾经有一位来访者对我说，他要赚很多钱，还要在另一半面前炫耀自己的存款。我问他："这样你就会感到开心了，是吗？"他毫不犹豫地说："对呀！"想到这个画面，他便觉得很兴奋。这也是他一直努力工作的动力。

鸵鸟型的人希望伴侣看到自己的能力，其实这只是他们理想化的场景。因为对于他的炫耀，伴侣并不会感到开心。如果把生活变成竞赛场，面对其中一方表现出的虚弱，另一方感到高兴甚至忍不住嘲笑，这对伴侣的亲密关系最终只会走向结束。

斑鸠型的人的行动是由利益驱使的。所以，斑鸠型的人在面对一段亲密关系时，首先想到的是能从对方身上得到什么。这里有一个重点：斑鸠型的人在心里认定这样做是公平的。他们按照自己定义的标准寻找伴侣，而这个标准是否客观，决定了他们能否找到合适的伴侣。

本节开篇提及的那位来访者就是斑鸠型的人，她试图找到一个既有钱又有时间陪伴她的人，但这样的人在现实中并不多见，所以她一直找不到。

如何破解找不到理想伴侣的困境

那么，该如何消除心中的障碍，调整自己与他人的关系，破解无法找到理想伴侣的困境呢？我在这里提供两个方法。

第一，人无完人，世间不存在绝对理想的伴侣，只有相对合适的另一半。

从美好感情产生的方式看，有一见钟情和日久生情两种。如果是一见钟情，在见到对方的第一面，就给出了满分。但随着时间的推移，我们可能会发现与预期不一样的地方，此时我们对对方的印象分开始减少。反之如果是日久生情，通常需要两个人互相磨合，然后在相处的过程中，慢慢发现对方的优点，慢慢增加好感，但从来没有所谓一百分的爱情。

如此看来，所有的亲密关系都不可能完全符合一个人心中的理想状态。

有一对很恩爱的情侣在同居后不久就分手了，分手是男孩提出来的，理由是无法接受女孩刷牙的样子。这是一个对另一半过度理想化的典型例子。如果一直把对方幻想成不食人间烟火的样子，那么感情就永远无法在现实中落地生根。

20 世纪六七十年代，成为伴侣的双方大都是在相似的环境里长大的，有类似的经历和发展方向。换言之，人们是在一个有限的范围里选择相对合适的人。但现在不一样了，人们的沟通方式更多元，吸引彼此的点也更加丰富，可以有很多共同话题，甚至在某一点上存在高度契合。但我们的恋爱对象、结婚对象只能在一定范围内与我们相契合，做不到在所有维度或者所有方面都与我们完美契合。这就要求我们包容对方的不完美，明白一个人不完美才是常态。

第二，要分清"绝对不能忍受"和"其实可以将就"之间的区别，设立具备可行性的标准。

人们无法遇到理想伴侣，虽然各有各的原因，但归根结底是因为将另一半过度理想化了，没有分析自己心中设立的标准的可行性。

如何设立具有可行性的标准？首先要对各项标准有清晰的认知，设定的标准之间不能相矛盾，比如要找一个既能赚钱还能天天陪你的人，这就是一组矛盾的需求。所以，必须在这两条标准里找一个优先项，看看是不能忍受没有钱，还是不能忍受没人陪。

其次对照四种内在关系模式，看是否符合自己的标准。例如，袋鼠型的人想要照顾鸵鸟型的人，后者不仅不会感谢前者的付出，还会因自己所持有的优越感反过来嘲笑前者做得不够好。而袋鼠型的人没有获得想要的自恋感和满足感，就会感到非常难受，这样的两个人是无法继续这段关系的。

第三章

我与世界

好的关系需要边界感

好的关系是相互滋养的，我们觉察了内在的感受、情绪，开放自我容纳他人，就能够在关系中看到自己，也能看到他人。好的关系让我们能够适应更复杂的社会环境。心理学家阿德勒曾经提出，人不可能脱离三个事实，其中之一就是没有人是独立存在的，只要我们活着，必然与其他人产生联系。不论我们是否接受，我们学习的一切，让我们感到痛苦的根源，都是为了处理和社会的关系。

我与世界的关系没有想象的那样复杂，简单来说，只有两个对象："我"和"你"。

"我"，是指属于个人自己的意识和潜意识心理，也可以称为"本体"。

"你"，是指一个被投射情感能量的对象，这个对象可以是他人、地域、物体、想法或记忆；被投射的情感能量可以是爱、恨或其他。"你"也可以理解为是除"我"以外的世界，也可以称为"客体"。

对客体的追寻是驱使人类行为的原动力。在本体与客体互动的过程中，如果得到的是愉快、温暖、安全的体验，那么我们会认为客体是好的，本体是有价值的；如果得到的是焦虑的、不安全的体验，那么我们会认为客体是坏的，本体也是无价值的。这些互动体验在我们还是婴儿时就能感受到，并且会影响长大后的人际关系，这也是内在关系模式发挥作用的原理。

关系中的四种边界

本体与客体之间的边界，就是关系中的边界。好的关系需要有边界感，需要我们能够区分各自的权限。具体而言，关系中的边界包括：心理边界、身体边界、情绪边界和空间边界。

心理边界是指思想的独立，凡事要有自己的价值判断，并且能够坚持自己的观点，同时尊重他人的观点。我们对自己、他人、社会都有属于自己的认知和理解，与大众的观点或一致，或存在差异。很多同学难以适应宿舍生活，是因为宿舍里的同学来自天南地北，生活习惯和对同一事件的看法有很大差异。例如，南方的同学认为两天不洗澡是不能忍受的，北方的同学觉得一次只买一个水果的做法让人无法理解。在工作和生活中，我们也会遇到类似的情况。

前面我们已经提到，观点与想法没有对错之分，边界清晰的人能够保持自己的言行一致，不会因为观点不同而与他人产生冲突，也不会对表达自己的观点感到有压力。

身体边界投射到身体上的反应是有差别的。例如，当我们和他人对话时，与不同亲密感和信任感的人距离是不同的。当有人靠近我们时，我们想要躲开或期待能更亲近，这些都是由身体边界引发的反应。身体边界能够保护自我，也能够直观地展现我们和他人的关系。走进一个陌生的会议室，你会选择坐在角落还是显眼的位置，会选择旁边有人的空座，还是角落无人的空座，这些都反映了我们的边界感。在你还没有开始思考时，你的身体已经为你做好了选择。

在电影《夏洛特烦恼》中，男主角夏洛经历黄粱一梦之后，终于意识到自己对爱人马冬梅的情感，便每天和马冬梅黏在一起，仿佛变成马冬梅身体的一部分，这是最直观也最戏剧化地模糊身体边界的例子。

情绪边界是指情绪不被他人影响。不受他人负面情绪的影响，不会因此而内疚、焦虑或指责、抱怨，同时能够调控自己的情绪，不将负面情绪传递给他人。

在一段依赖的关系中，当找不到对方时，本体通常会产生恐慌情绪，给身边的朋友和家人传递负面能量，即在情绪上侵入别人的边界。在家庭生活中，还会出现这样的情境：父母因为在工作中承受了压力和怒火，回到家便劈头盖脸没有缘由地大骂孩子；孩子为即将到来的考试而感到焦虑不安，家长也无法冷静，跟着一起紧张。情绪的表达是调节自我的重要方式，共情与同理心帮助我们更好地理解他人。但是完全代入对方的角色，而深陷负面情绪之中，甚至因为无法帮助对方舒缓情绪而陷入自责，那么就失去了边界。我们只是自己情绪的主人，无法左右他人的情绪。

空间边界是指个人的空间，如我们自己的房间、自己的物品，没有经过允许不希望他人踏足或染指。

心理学中有个"洞穴理论"，讲的是古代印第安男性，在身体受伤或心理受挫的情况下，会选择钻进一个洞穴疗伤。等到重新恢复健康，他就会从这个洞穴里走出来。在他走出来的那一刻，部落里的人就会载歌载舞，欢迎英雄归来。这里的洞穴就是空间边界的实体化。

现代社会，每个人都承担着各种各样的压力，每个人都需要这样一个疗伤的洞穴，如某个沙发的角落、停车库的一隅、某款虚拟游戏空间……在感觉到压力时，我们可以选择在属于自己的空间边界里进行自我修复。这也是很多单身人士难以适应同居生活的原因之一。即使在最亲密的关系中，我们也需要保留和开辟一个独立的空间，尊重彼此的独处。在需要疗伤时，我们可以选择待在这个空间里，做任何想做的事，也可以什么都不做。同样，当你的伴侣待在这个"洞穴"里时，你需要做到完全的信任和尊重，绝不打扰。

分清"你"和"我"

在一段关系中，如果分不清"你"和"我"，就会有入侵他人边界的情况发生。入侵他人边界的后果，就是会给双方关系带来麻烦。在自然界，动物有自己的取暖方法，并且拥有天然的温度调节系统，不像人类需要借助其他工具才能调节自身的温度。很多养宠物的人，强行代入自己的感受，在冬天时给自己的宠物穿上毛衣、套上靴子，这就是典型的边界不清。就像网络上流行的热梗"有一种冷，叫你妈觉得你冷"。这种做法的本质，并不是在关爱他人，而是在共情自己。

我们在共情自己时，往往认为自己顾及了别人的感受。因为我们模糊了本体与客体的边界，将自己构想的客体误以为是真实存在的客体，也即通过自己的"察觉"和"思考"去构建真实的客体。在这种情况下，我们的眼里就没有别人，只有自己。

在这段关系中，我们通过猜测获知别人的感受，实际上这只是我们自己的感受。如果有人说自己特别在意别人的感受，不妨反思一下自己是否真正懂得别人的感受。有时，我们很在意别人对自己的评价，其实真正在意的是在与他人的关系中，"我"是怎样的。

在所有的社会关系中，只有两个角色，即"我"和"你"，只有分清楚双方的角色和定位，才能担负起各自的责任。在这个世界上只有三件事——我的事、你的事和老天爷的事。

我的事：我自己能够决定的事。例如，选择在哪里生活，和谁一起生活，怎样生活。

你的事：他人所能决定的事。例如，向他人告白后对方的态度与选择。

老天爷的事：我和你都不能掌控的超出人的能力范畴的事，如天气的变化。

若我们边界不清，就会忘记自己的事，喜欢管别人的事甚至操心老天爷的事。而这往往导致我们无法适应社会环境，进而感到痛苦，也会因此带来无尽的纷争，导致关系破裂。我们要做的，是处理好自己的事，尊重别人的事，顺其自然地面对老天爷的事。例如天气降温了，为自己添加衣物，保暖防寒的同时，了解宠物的习性，尊重它的自然天性，至于第二天的天气如何，就随它去。

有效沟通三步法

人与人之间的关系是我们难以掌控的，因此我们容易在人际交往中感到焦虑。有效沟通能够缓解焦虑，因为无论表达请求、建议还是传递感受或情绪，都需要通过沟通实现。好的关系意味着沟通顺畅。

举个简单的例子，你下班回到家，想和另一半分享今天的所见所闻。如果对方对你所分享的内容十分感兴趣，那么他便会在身体上对你做出回应，并积极投入你所设定的情境。收到反馈的你自然也会感觉良好。如果对方一味沉浸在自己的世界，对你分享的内容完全不做回应，这时的你就会感到愤怒和痛苦。我们可以据此判断，当下前者的关系是融洽、温馨的；后者的关系是隔阂的，出现了裂痕。

通过阅读前面的章节我们已经知晓，本体与客体之间的边界对我们适应社会生活产生了重大影响，而对本体和客体的理解也影响着沟通的质量。我是谁，我需要担负什么样的责任与持有何种立场，确立了我们在沟通中的角色定位。对角色定位的差异认知，会影响沟通质量。每个人对角色定位的认知并不相同，即使同一个人也会体现出本体与客体之间的差异。我们本来的角色，与我们所定义的角色，以及我们最终在关系中呈现的角色并不一致。例如作为一位父亲，他认为自己扮演的角色应该是理智、情绪稳定的，因此他在孩子面前总是表现得理性多于感性，讲道理多于情感表达。事实上，他呈现出来的是一个对孩子冷漠，让孩子感到有距离感的父亲的形象。结果孩子并不愿意与他进行沟通，而父子之间的关系也没有像他期待的那样融洽、和谐。

阻碍沟通的三种角色

通过实践，我发现有三种角色定位会严重阻碍沟通。

第一种，服从者。

服从者，也就是大家经常说的具有讨好型人格的人。他们不想和别人发生冲突，而自己也没有太多的思考，只会迁就别人。

举个简单的例子，朋友和你一起去逛街，他向你征询意见时你总是回答"挺好的，你穿什么都好看""都可以，你决定""我无所谓，随你"，那么慢慢地，你会发现你们两个人之间的关系变得很微妙，彼此都小心翼翼，对方对你的热情也在逐渐减退，不太愿意约你出去，甚至不再征询你的意见就直接做出决定。

上面的例子告诉我们，其实朋友更希望你能够提供一些建议，表达你的感受，而你却把自己定义为一个服从者，对方说什么就是什么，没有自己的看法或选择。这在别人看来，你是以一种被动、消极的状态进行沟通，只会消耗对方的热情。

第二种，变节者。

什么叫变节者？就是指个体在沟通中带着对抗情绪，如果对方提出异议，自己就会采取不同的方式去争取认同，去合理化整件事，以此证明自己没有错。

这种情况在生活中比较常见，孩子第二天有重要的事情需要早起，但担心闹钟不起作用，就打算让妈妈早点叫他起床。但是第二天他起晚了，便埋怨妈妈没有早点叫他起床。孩子难过地问妈妈为什么不叫他起床，妈妈回答说："你不是说调了闹钟吗？为什么还要麻烦我呢？我认为你的事情并不重要，而且我也有自己的事情要忙……"

在这个事件中，孩子生气的原因是妈妈在这场沟通中成了一个变节者。妈妈没有叫孩子起床导致孩子迟到了，但妈妈却不愿意承认自己的错误，导致沟通变成一场争吵，甚至会影响之后的亲子关系。

变节者在沟通中常常偷换概念，将自己的问题和责任转嫁给对方，忽视对方的感受和诉求，时间久了，会令对方失去沟通的意愿，沟通也就不能顺畅进行。

第三种，全能者。

全能者总是不假思索地答应对方的需求，哪怕是自己做不到的。他们总是许下空头支票，透支自己的信用。

我看过一些很有趣的夫妻间的沟通。例如一对夫妻，丈夫一天到晚吹牛，对妻子说"相信我，保证没问题"，但过后并不会兑现承诺。如果妻子追问起来，丈夫便赖账，甚至恼羞成怒，反过来责怪妻子。

沟通虽然发生在当下，但是沟通的结果却指向未来。全能者在当前的沟通中全力迎合，但是无法兑现，这将消耗对方的期待。时间久了，对方不再相信全能者的话，也不再愿意沟通。

如何实现有效沟通

以上三种角色定位，都只有本体的视角，是一个单方面的沟通过程。如果想和别人进行有效沟通，我们需要先了解沟通的过程，然后让对方定义你的角色，最后回归现实，打破彼此之间的理想化。具体做法如下。

第一步，了解沟通过程。

沟通的过程其实很简单，就是先放下情绪，再说事情。

如果一个人带着强烈的情绪说某件事情，他往往会把沟通变成一次情绪发泄，这并不利于事情的解决，所以我们要先解决情绪问题。比如看到对方情绪焦躁，我们可以对他说："别着急，慢慢来，先缓和一下心情，我们再来讨论这件事如何？"这便是在解决情绪问题。如果我们处理不好情绪问题，带着强烈的主观性甚至是攻击性去与他人沟通，便会让整个沟通过程偏离正确轨道。我们要直面并解决情绪问题，才能不带情绪地清晰描述事实，并表达自己的期望。

第二步，让对方定义你的角色。

让沟通的另一方定义你的角色，指的是我们能够感受对方的需求，理解并塑造对方想定义的角色，这样才能有效沟通。

例如有朋友对你说："我有些烦心事想和你聊聊。"这时，我们就需要静静聆听朋友的倾诉，并在恰当的时候给予安慰。如果对方说"我遇到一个难题"，我们就要意识到，这时的他是想听一下我们的意见，我们可以根据问题提出自己的想法。

我们需要在沟通过程中倾听并获知对方的真实诉求，分清对方是在表达情绪，还是在描述事件，或是在分享自己的经历。当然，在沟通过程中，我们还可以观察到，对方对自己的角色定义有没有理想化，是需要我去帮助他解决问题，还是希望我们去疏导他的负面情绪。这需要我们用心倾听。

第三步，打破彼此之间的理想化。

很多时候我们与他人进行沟通，不只是与客体发生连接，还可能与本体客体发生连接。

小时候，我们都喜欢和自己的玩具、宠物或假想的玩伴说话。在这个过程中，那些东西似乎都会按照我们的想法回应我们。长大后我们在与他人沟通时，也会想当然地认为对方应该如此。这即是我们把对方理想化了，想象着对方应该包容我们，体谅我们，回应我们，如果对方没有这样做，我们就会指责或攻击对方。

所以在一段关系中，如果你将对方理想化，将不利于双方进行有效沟通。将沟通的双方理想化，如果沟通过程不符合预期，将导致双方出现心理落差，进而发生冲突。此时，打破理想化就显得非常重要。我们要在第一时间明确自己的立场，沟通是两个主体之间的互动，只有打破理想化，恢复到真实的状态，才能进行有效沟通。

沟通是建立关系的基础，也是情感交流的桥梁。在良性的沟通过程中，情感是流动的，身心体验是愉悦的，与社会环境是相适应的。

找到你的社会归属感

在一段相互滋养的关系中，双方的界限是清晰的，彼此是独立的。在关系中被看见和被肯定，是判断我们适应社会情况的重要指标。是否融入社会环境，并被他人看见与接纳，决定了我们在社会交往中是感到舒适、愉悦，还是感到无助，有一种被社会抛弃的孤独、焦虑。

归属感越高，幸福感越高

社会归属感是指人们渴望在一段关系或一个群体中作为真实的自己受到肯定和重视的情感需求。社会归属感越高，幸福感的体验越高；社会归属感越低，心理困扰的指数增加，患抑郁症的风险加大。

人是群居动物，害怕孤独，害怕被群体边缘化，我们渴望被群体接纳。人本主义心理学家马斯洛的研究发现，人们在满足基本的物质需求和生存需求之后，会去寻求归属和爱，希望能够与社会产生联系，维系友情、亲情、爱情等，努力让自己在关系中被认可，在社会中被接纳。一个人被群体接纳，才会对群体产生归属感，愿意为群体做出贡献，尊重、爱护群体中的每个人，并发挥潜能，践行理想。

然而，很多人常常感到无法获得社会归属感。举一个生活中常见的例子，A 和 B 是朋友，有一天 A 请求 B 帮忙，由于 B 比较忙便拒绝了 A 的请求。A 因此感到委屈，等双方再次见面时，双方关系便不如之前那般融洽。

从这个事例中我们可以看到两个冲突。

冲突一，A 没有得到 B 的帮助，从而产生挫败感。A 分析 B 的方式和态度并评估自己在 B 心中的地位，当 A 发现自己并不能在 B 心中占据重要地位时，他会选择用切断关系的方式来保护自己，这是一种自我防卫的方式。

冲突二，在 A 和 B 的关系出现裂痕后，A 便不断地把自己心中坏的一面投射到 B 身上，以至于在心中积累了很多愤怒，认为 B 是不值得交往的人，所以决定与其切断关系。B 给 A 带来挫败体验，所以在 A 心中，B 就变成了对立方，这种投射导致这段关系非常脆弱。A 把 B 当成了自己的本体客体。

哲学家马丁·布伯（Martin Buber）曾说："有时我们与人建立的关系是我与你的关系，但是绝大多数人建立的关系恰恰是我与他的关系，这个'他'有可能是我们投射的一个人，我们与自己投射的那个人建立了一段关系。"

我们敏感地想要保护自己，我们想当然地脑补他人，这让我们远离关系，躲避群体，从而无法获得社会归属感。这可能与我们生命早期的经验有关。比如在一些重男轻女的家庭中，一直被忽视的女孩会自我贬低，没有价值感。就如同蜗牛型的人，一旦发现伤害的信号，就逃避，逃回到保护壳中。我们自卑、恐慌，无法真实面对他人，更不知道如何提出自己的诉求。

一旦我们意识到自己存在人际隔离问题，便应想办法尝试打破这种隔离状态。我们可以选择一个愿意交往的对象，然后逐渐建立双方的关系。

建立关系的五个层级

一般来说，建立一段关系需要经历五个层级，我们可以遵循这些交往层级逐渐加深关系。

第一层级，对陌生人，可以先打个招呼，然后谈论一些大众话题，例如"今天天气真不错""你吃过饭了吗？"。

第二层级，我们可能会提出一些诉求，比如提出邀约，双方据此展开互动，即试探性提出要求，在互动中了解彼此的感受。

第三层级，我们可以分享对某些事情的观点、看法。比如，我们可以和朋友聊聊近期网络上的热门事件。不过，要注意谈话的技巧，避免因观点的冲突而破坏彼此的感受。

第四层级，我们可以表达一些自己的感受，这些感受与我们自己有关，展现我们的原则、底线、期待和喜恶。

第五层级，彼此可以分享秘密和真实的自我。这时，我们将建立一种比较亲密的关系，双方信任度较高。

我们可以依照这五个层级对应一下身边的亲人和朋友，反思我们对他的期待，和双方之间的层级是否相匹配。我们可以深入分析，发现双方存在的问题，并思考如何解决这些问题。

年轻的时候，我总爱给身边的朋友提供便利，一味付出，导致父亲十分不看好我们之间的友情。我不擅长接受朋友的好意，并为此感到焦虑甚至愧疚。直到有一天一位朋友指责我说："你并没有把我们当作真正的朋友，在你这里我们好像体现不出什么价值。"那一刻我感到吃惊。我突然明白朋友之间应该相互帮助，提供价值与保护，而我却一直把他们当成我的本体客体，并且无时无刻不在投射我的自卑和无价值感。

那个阶段的我习惯于回避和逃离，设置了无形的心理屏障，不能感受到社会归属感。社会归属感是我们所追求的，但如果我们能够以坦率和真诚的方式与他人建立联系，他人便能接纳和认同我们，进而我们也就获得了社会归属感。在日常生活中，我们可以拍下路过的风景与朋友们一起分享，与朋友一起品尝美食，与家人一起逛公园、博物馆、图书馆，给通信录上好久不联系的朋友打个电话，在社交媒体上为朋友点赞，等等。我们可以通过生活中的这些微小举动，让自己积极融入社会生活。

英国著名灵性工作者苏珊·赫莉（又名"阿南朵"）有一位学员在每次用餐前，总要默念各种感恩祷词，阿南朵听到后，只是轻轻对他说了一句："难道你不应该也感谢一下那个帮你做饭的厨师吗？"在社交中，不必舍近求远，不必苛责自己和他人，感恩身边的人，真诚地对帮助过自己的人说声"谢谢"。此时，我们便感受到了关系的滋养，开始与周围的环境建立联系，并且收获社会归属感。

在现代社会中，越来越多的人感叹自己患有"社交恐惧症"，认为只有当一个人默默待着玩手机时才感到轻松。虚拟世界的人际关系，其实也是我们利用新的沟通渠道获得社会归属感的一种方式。但不管社会如何发展，沟通与联系的方式如何多样化，我们只有敞开心扉，尽情获得关系中的滋养，才能获取渴望已久的社会归属感。

在朋友圈塑造社会形象

朋友圈[①]是一种社会环境，我们在朋友圈发布的内容即是我们展示出的社会形象，可以作为分析每个人个性最直接的资料。

毫不夸张地说，朋友圈发布的内容直观呈现了个体的心理活动与心理状态。朋友圈的内容积极向上，大家会觉得你锐意进取，比较靠谱。若朋友圈发布的内容不是抱怨就是谩骂，别人就会怀疑你是否值得信任，有时我们在朋友圈发布新动态只图一时痛快，却没有意识到自己的情绪垃圾给朋友造成了负面影响。

朋友圈与大五人格

微软人工智能做了一项大数据调查：通过搜索人们朋友圈的关键词，可以推算出一个人的大五人格。大五人格是心理学中一种用于描述人格的分类方法，是很多人力资源部门在人才招聘与评估员工心理时经常使用的工具。大五人格归纳了人格的五种特质：外倾性、宜人性、神经质性、责任心和开放性。

外倾性，是指一个人表现出热情、爱社交、果断、活跃、冒险、乐观等特质。评分高与低分别代表了两种不同的行为表现，

---

① 本文中的朋友圈特指社交媒体平台。

表现为好交际与不好交际，轻松与严肃，情感丰富与含蓄。通常喜欢发可爱动物或搞怪表情包的人，可以推测其特质是外倾性的。

神经质性，是指一个人表现出焦虑、敌对、压抑、冲动、脆弱等特质，该项测评可用于判断个体是否情绪稳定。其对应行为包括情绪烦躁与平静，安全感高低，自怜与自我满意。经常发布一些看似比较高级的图片，或者看上去总是保持思考状态的人，其特质为神经质性的可能性比较大。

开放性，表现在一个人的想象力、审美、情感丰富、创造性和智慧等方面。其对应行为包括富于想象与务实，寻求变化与遵守惯例，自主与顺从。

宜人性，对应一个人的信任、利他、直率、谦虚等品质，面对他人的冷漠、怀疑，始终保持着热情、信任的态度，乐于助人。

责任心，对应一个人公正、胜任力、条理性、尽职、自律、谨慎、克制等品质，其对应行为包括有序与无序、谨慎细心与粗心大意、自律与意志薄弱。

如果一个人的外倾性得分比较高，那么他可能适合做公关、商务等需要经常与别人打交道的工作；如果神经质性的得分比较高，代表他情绪不是很稳定，思路天马行空，这样的人就不太适合做非常严谨的工作。

如何用朋友圈打造社交圈

朋友圈是我们与社会产生链接的重要窗口，如果想通过朋友圈打造自己的社交圈，不妨试试以下七种方法。

第一，打造自我正面形象。

从心理动力学的角度看，自我包含镜像自我和理想自我两个部分。

镜像自我是指他人对自我的评价和态度，是反映自我的一面"镜子"，我们可以通过这面镜子认识到自己是一个什么样的人。我们在朋友圈发布的内容就像一面镜子，透过这面镜子我们便能窥视人性一二。理想自我则代表自己渴望树立并执着追求的某种形象。比如，有人想树立自律的形象，于是便经常在朋友圈发布与自控、约束等有关的内容。

要想在朋友圈打造正面形象，就需要积极打造与呈现镜像自我与理想自我。你希望他人如何看待你，你期待自己会是什么样，那么就在朋友圈中多多展示自己在这个方面的特质。

第二，接纳自己的缺点。

很多人希望自己在他人眼中是完美的，即理想中的自我是没有缺点的。其实，这是一种认知上的误区。世界上没有完美的人，也不存在一个没有缺点的人。将一个人简单地判定为好人或坏人，是分析能力的懈怠，也是一种认知不成熟的表现。人是复杂、多面的，最能打动我们的往往是冷酷的人不经意流露出的温情，是温柔的人展现出的决绝。

那些偶尔喜欢自嘲的人，让人觉得他是可以亲近的、有趣的，因为他比较真实。尽管你想在朋友圈树立的形象是严谨的、智慧的、理性的，但是也可以适当吐槽，表达自己开心或难过的小情绪，这会让人觉得你的理智是经过思考的，真实的，而不是遥不可及的。

第三，不要转发太多心灵鸡汤类的文章。

虽然有时心灵鸡汤类的文章可能会给到我们一些短暂的激励，但有些文章经不起推敲，且容易引发他人焦虑，引起别人反感。

第四，不要经常更换头像。

在生活中，经常换头像和昵称的人容易给人留下不稳定的印象。如果别人没有及时备注而又想联系他，经常会找不到人。

在四种内在关系模式中，蜗牛型的人比较喜欢更换头像，他们的朋友圈风格也经常发生变化。因为他们充满戒备，对社会和他人是不信任的。他们渴望关注，而不断地变化也是他们获得关注的方式之一。

尽量选择一张让自己感觉满意的照片长期作为头像，让别人能够第一时间找到你，不仅避免了一些不必要的麻烦，同时也传递给别人一个信息：我一直在这里。这和那些数十年不曾更换电话号码的人一样，更值得信任。

第五，朋友圈展现的内容不要太私人化。

朋友圈是我们的社交场域，我们当然有权利发布一些私人的动态，比如今天吃了什么，穿着打扮是什么样的，展示自家的猫咪。但私人化意味着有边界，别人对你的私生活尽管好奇，但也不是一天到晚都想了解你的吃喝拉撒。朋友圈展现太过私人化的内容，不但不会引起别人的兴趣，还会让人反感。

维持良好的关系需要保持边界感，在我们拒绝他人入侵边界的同时，也要注意不去侵犯他人边界。我们的个人情绪和一些秘密，不建议在朋友圈分享。

第六，展现出你对生活的积极态度。

生活是一面镜子，你对它笑，它就对你笑；你对它哭，它也对你哭。纯粹、积极的态度，能让我们收获生活中的正能量。如果你的朋友圈给别人传递的是正能量，你也一定会被别人认可和喜爱。

比如，我们可以在朋友圈运动打卡，给人展现积极自律的形象；面对工作中的压力，鼓励自己不抱怨、不逃避，并在完成工作后犒劳自己，发在朋友圈的美食、美景，表现的是爱自己、爱生活的积极形象。朋友圈中点点滴滴的分享，都在向别人传递正面能量，塑造他人眼中积极向上的自己。

第七，保持互动。

在人际交往中，每个人都希望被别人关注。我们在朋友圈里评论或为他人点赞，就是在表达我们看到了、我们在关注，这有利于促进双方关系。经常收到来自他人的评论与点赞，能让我们感觉到自己是被他人关注的。这一暖心举动，照顾了他人的情绪，让人感到十分舒服。

需要注意的是，在朋友圈大肆评论别人的动态，会给他人造成困扰，尊重他人边界才是有教养的表现。

另外，在朋友圈与他人互动需要走心。有位朋友对我讲述了他遇到的一件尴尬事——他与朋友久别重逢，随口夸赞朋友的"新"衣服好看，他的朋友面露不虞，说："这件衣服我之前在朋友圈发过，你还点赞了，忘了吗？"对此，他只能尴尬地笑笑，因为他当初只是随便点赞，根本就没有关心内容。

展现人生积极态度，在朋友圈发表自己对事物的看法与认知，与他人展开社交互动，在我们展现自己的同时，也给予他人关注，这便是人际关系的良性互动，将给别人留下美好的印象。

保持理性，有计划地借助朋友圈打造个人形象，是心理成熟的表现。主动与他人建立联系，打造一个呈现自我形象的朋友圈，也是对他人发出建立关系的邀请。

实践篇

掌控关系的沟通场景

第四章

和自己好好相处

走出自我否定的旋涡

我遇到过一个案例，主人公有着典型的自我否定的表现：她的家庭重男轻女，哥哥争强好胜，爸爸脾气暴躁，妈妈焦虑恐惧。她很少获得来自家庭的爱和关注，而唯一对她好的妈妈也总是皱着眉头告诉她怎样做才会更好。由于妈妈总是盯着她的不足，要求她不断努力改进，因此她常常觉得自己做得不够好，继而不断否定自己。即使受到夸奖，她也总是感到受宠若惊，似乎身体里有一股力量总在否定夸奖，从而说服自己并没有那么好。

通常，我们在否定自己后，会找不到自己，还会激发一些负面情绪，如痛苦、抑郁、无力甚至是仇恨。自我否定的人其实是与自我的关系出现了问题。

自我否定也是在满足自恋的需要。很多时候，我们否定自己是因为我们觉得自己可以做得更好，或是我们希望自己可以变得更加完美。但是我们自身是存在缺陷的，这种落差引发了我们的焦虑。

自恋并不仅仅是人们通常认为的自我崇拜并过分关心自己的完美，还有一种否定式自恋，固执地认为自己是一个不好的人或者一个没有价值的人。长期处于否定式自恋状态中的人，对他人漠不关心，只在乎他人对自己的态度、看法。在与他人建立关系时，他们会将他人定位为本体客体，通过自己的想法构建他人。出现这种情况与个人成长经历有很大的关系，即他们在成长过程中不断地接收到对自己不满意的信号和反馈。如果没有意识到自己这种状态的成因并加以妥善解决，他们便会一直沉浸在"我是没用的人，只会成为别人的麻烦和累赘"的想法当中，并且做出讨好和取悦他人的行为，或者不断强调自己对他人的付出。

习惯自我否定的人把别人对待他们的方式转变成对待自己的方式。在成长过程中，我们都曾被过分地要求，或者说被寄予过高的期待。当我们不能完成他人的期待和要求时，身边的人就会流露出一种失望的神情，甚至会在情感上疏离我们或者对我们采取惩罚性措施。这让我们意识到，只有把事情做好才是被允许和被接纳的。于是，做得更好便成了我们对自我的要求。当达不到这个要求的时候，我们就会不断否定自己。

自我否定的不同动因

不同的内在关系模式都会出现自我否定的情况，但其内在动因是不同的。

蜗牛型的人否定自己的原因是害怕失去他人的爱。蜗牛型的人有依赖性，他们总是担心由于自己不够好，而无法维持依赖的状态，于是便按照他人的评价来调整自己，一直活在他人的眼光里。蜗牛型的人自我存在感很弱，觉得自己不值得被爱，不配拥有他人的爱，因此他人的目光、表情甚至偶尔一句话都会被他们解读为"我不够好"。在面对需要解决的事情时，他们的第一反应就是"我不行，我做不到"。

鸵鸟型的人否定自己的原因是觉得自己不够完美。鸵鸟型的人认为只有在完美的状态下，才能有足够的信心面对他人。因此，如果一件事情的结果没有达到他们的预期，或者在人际交往中他们感受不到舒适、愉快的情绪，他们的心中就会滋生一种被否定的感觉。

袋鼠型的人希望得到他人更多的正向反馈或肯定，反之他们便会否定自己。而当他们否定自己时，他们就没有办法成为一位合格的监护人，没有办法完成照顾或拯救他人的愿望。很多袋鼠型的人在为他人付出时，总要先说一些否定他人的话，比如："你看你把家里弄得那么乱，还要我来收拾。"如果这时对方回答说"我也可以"，这句话在袋鼠型的人听来就是一种否定，会让其产生没有社会价值的感觉。于是，他就会一直否定自己，甚至否定自己的付出。这时我们回应"你确实辛苦啦，多亏有你"，才能抚慰他们的心灵。

斑鸠型的人大多是在感到孤独的时候否定自己。他们看到别人在一起亲热地聊天，而他们却无法加入，社会归属感的缺失让他们会觉得自己被排斥了，并产生自我否定："我是不是一个不合群的人？我是不是一个不被大家接受的人？"

走出自我否定的旋涡

要想走出自我否定的旋涡，以下三个建议可供大家参考。

第一，给自己的内心做个检查。

所谓检查，就是记录在何种情况下会否定自己，否定自己时，感觉如何。

自我否定是一种受虐心理，尤其当我们感觉糟糕的时候，内心会反复打击自己，甚至产生受虐的快感。这是一种缺少自我价值感的表现。给内心做一个深入的检查和记录，能够帮助我们清晰认知自我否定背后的感受，以及分析这种感受是否合理。而这种检查需要得到专业的心理咨询师或心理医生的帮助。

第二，探索自己的内在关系模式并坦然面对。

内在关系模式没有优劣之分，都是我们在成长过程中摸索出来的一种保护内在感受、适应社会关系的方式。每个人都有自己的内在关系模式，每个人都需要认知自己的内在关系模式。

有一位蜗牛型关系模式的女孩曾对我倾诉："我真的很怕自己做不好，然后男朋友就不再喜欢我了。"

我问她："你会不会和你的男朋友分享你的焦虑？"

她说："我怕与他分享之后，他就不喜欢我了。"

我鼓励她去试一下，她听从了建议硬着头皮把自己的担心告诉了男朋友，男朋友听后哈哈大笑，对她说："傻瓜，我早就知道了。其实你是什么样的人我非常清楚，我喜欢的就是真实的你。"

这位蜗牛型关系模式的女孩直面了自己内心的恐惧，也就不再因恐惧而否定自己。

有时，我们会把父母严厉苛刻的形象内化，变成自己的一部分。因此，我们的内心就会存在两种形象，一种是处于孩童状态的自己，一种是严厉苛刻的父母，亲子之间的模式重现了。这时我们必须面对并处理一切，毕竟那是我们曾经被伤害的经历或者曾经遭受的挫折的再现。如果这种模式一直延续，那么否定自己就会变成一种习惯。忽视与回避只会让这种否定的力量成为隐患，直面并打破才能挣脱束缚。

第三，打破两极化思维模式。

两极化思维，即非黑即白、非好即坏的思维。这是我们惯常使用的一种思考方式：如果一件事情做错了，那么用相反的方式是不是就对了？如果说这样表现不好，换一种的话，别人会不会给出更好的评价？这其实是一种不合理的思考方式，就像刻舟求剑，无法真正解决问题，反而会带来更大的麻烦。

自我否定让人感到烦恼，我们总是极力摆脱这种状态。但在心理层面，这些烦恼并不完全是"不足或坏处"。例如，某人因为胆小而否定自己，但胆小意味着谨慎，因而也避免了某些灾祸。将当前导致出现适应不良的心理特点视为"需要改掉的缺点"，是一种对心理状态的误解。这是一种两极化的思维模式，同时也是又一种否定自己的表现。

不必强迫自己彻底改变"否定自己"的想法，这些想法帮助我们顺利长大，平衡生命中的批评和挫折，对我们的成长是很有意义的。当我们对自我有了新的更全面的认知，就会去反思和总结成长过程中所遇到的挫折，期待缓解一直以来的心理压力。其实我们在做内心检查的时候，知晓了自我否定的原因和表现，就已经缓解了我们背负的压力，让我们的内心得到了成长。

很多时候，我们只能助力自己的人生迭代，不可能变成他人。

如何缓解内心的孤独

我们经常感到孤独。在一个人的房间里，会感到孤独；在热闹的聚会中，也会感到孤独。有时，并不是这个世界让人孤独，只是我们自己无意中创造了一个孤独的世界。从心理学角度讲，如果与他人之间的联结被切断，我们就会产生深深的孤独感。

孤独的类型

一般来说，人的孤独大致可以分为以下三种。

第一种，关系中的孤独。

有时，孤独就发生在关系中。例如某人身患重病，住在医院里，如果有亲人和朋友的关注，即使身边无人照顾，他也不会感到孤独；如果没有亲人、朋友的关爱，他便是孤独的。当身边没有值得信赖的人，也没有能够陪伴我们的人时，孤独的感觉就产生了。孤独是每个人出生后都需要应对的问题。毕竟，在这个世界上，能与和我们心意相通的人相遇的概率总是很小。即便是同卵双生的双胞胎，在成长的过程中，体验到的感受也不尽相同。因此，没有人能够完全理解我们的感受，也没有人能够替代我们的感受。在与他人交往的过程中，这种不被理解的感觉越强烈，孤独的感觉也越强烈。

与他人建立关系便能应对孤独。建立了关系后，信任、倾诉、回应和共情能够帮助我们被他人理解，于是孤独的感觉也随之减弱。

第二种，自我选择孤独。

有时，人们逃避人际交往，主动将自我边缘化：参加热闹的聚会时，藏身于一个小角落；参加群体活动时，选择一个人待着，沉浸在自己的世界里，拒绝融入人群。

有人说，自己就喜欢宅在家里，不喜欢人际交往，不喜欢与人交流，自己很享受孤独的感觉。然而，孤独并不意味着独处，人们感到孤独可能是因为身边空无一人，但是独处的人并不一定会感到孤独。如果一个人能够投入当下情境，读书、听音乐、练字……虽然身边无人，却有着稳定的客体关系和自己的信念，那么这个人一定不会感到孤独。如果一个人不断地询问朋友什么时候到，不断地发消息确认行踪，并为此表现出焦虑、担忧的情绪，那么这个人是孤独的，也是内耗的。《神雕侠侣》中的小龙女，一个人在绝情谷生活了16年，但她并不感觉孤独，她知道杨过在等着自己，对自己的爱不会变，她是怀着希望在等待。

第三种，成长性孤独。

在人生的每一个阶段，我们都需要独自面对一些事，即使身边有亲人和朋友的陪伴，也不免感到孤独。

这种成长性孤独是因为我们的生命太有限了，我们会感觉自己无法解决很多事情。我看过一段很有趣的视频，一个孩子走在水面的浮板上，起初妈妈在旁边扶着他走，后面妈妈放手了，感到害怕的孩子眼含泪水咬着牙，继续向前迈步……视频里的一句话让我感触良多，它说："到后来，生命中的每一步，都需要自己走。"有时感到孤独，也许是我们在成长过程中必须体验的经历。

产生孤独感的不同动因

在不同的内在关系模式中，孤独感的产生具有不同的动因。蜗牛型的人感到孤独，是因为缺乏情感上的连接。假如蜗牛型的人感到无依无靠，他们便会产生强烈的孤独感。他们需要通过依赖别人获取安全感。因此，无人可依的情境最能引发蜗牛型的人的孤独。

鸵鸟型的人的孤独更像是"众人皆醉我独醒"。当鸵鸟型的人感觉自己不被理解，缺乏支持却无法求助他人的时候，他们会觉得非常孤独。此外，当鸵鸟型的人与他人分享观点却得不到对方的认同时，他们也会觉得很孤独。

袋鼠型的人内心背负了太多的事情和压力，当感到没有人能够理解自己的时候，他们便会觉得孤独。袋鼠型的人不仅习惯性地照顾他人，还很要强，不希望得到他人的同情或照顾。他们是矛盾的，一方面享受着照顾别人的感觉；另一方面又感叹着无人照顾自己，因此自怨自艾。

斑鸠型的人善于自我隔绝，缺乏与别人建立亲近关系的动力，因而感觉孤独。正如前文所说，斑鸠型的人注重利益关系。其实他们在追逐利益的同时，也是渴望与他人建立关系的，只是他们会把这种渴望藏得很深。他们会因为心理上的落差而感到孤独。

应对内心孤独的四种方法

孤独带给我们的也不全是坏的体验，我们的成长需要孤独。但是，如果发现自己是孤独的，我们会感到难过、自卑或羞耻，我们希望走出孤独，与他人建立联系。我们可以通过以下四种方法应对内心的孤独。

第一，走出认知误区，重新认识"孤独"。

孤独和孤单不同。孤独感会陪伴我们一生，但孤单的状态会随着环境的改变而改变。如果感到孤独该怎么办？其实它是一种存在性体验，将伴随我们终生。所以，我们需要明确：孤独存在于我们生命的各个阶段，我们只能去面对，去接受它，而不能消除它。

很多人都会陷入一个认知误区，就是觉得很多时候无人理解自己，所以自己才会感到孤独。之前也有人向我倾诉："我有时感觉很孤独，总是觉得现实生活中没有人能够真正理解我。"当他说出这句话时，他就释然了，可能我们的人生就是如此。你可以尝试说出你的孤独，与他人共情进而获得他人的理解。当你这样做的时候，你就已经在与他人建立联系，并走出孤独。

此外，我们可以培养一些个人爱好，充实自己的同时拓展个人社交圈。当然，在这个过程中，我们也可以享受一个人的孤独，但不可被孤独裹挟，从而让自己陷入情绪的泥淖。

第二，自我调整和改变。

如果我们已无法承受孤独，那么应该对当下状态进行调整和改变。

有来访者对我说："有时我特别渴望别人联系我，给我打电话……我一直看着手机，却没有人联系我。"

我告诉他："其实你可以做很多事情。"

他很疑惑："我能做什么呢？"

我的回答是："很简单呀，你就打电话给别人。"

第三，寻找情感支持。

当我们感觉孤独时，就需要从外界获取一些情感支持。我经常举这样一个例子——我很想知道自己能否得到生命中那些很重要的朋友对我的认同，并且很想知道他们对我的认同到了何种程度，于是，我便问他们："如果有一天我有了难处，要向你借钱，请问这时你能借给我多少？"

朋友们纷纷表达了心意，听到这些我便觉得自己不再孤独。从这些回答中，我能够感觉到我是被重视的，是有情感支持的。当我遇到困难时，有人愿意帮助我，这就是我能获取的情感支持。这样，即使我们独自一人，也能得到安全感和力量感。

第四，不要同情自己。

在一段关系中，我们很容易把自己当成一个受害者，当我们感到孤独时，就会觉得这种感觉是社会造成的，是别人造成的，是很多的外部条件造成的。这时我们将感到更深的孤独。客观地讲，让人感觉孤独有两种情况：一种是我们能够直接感知到的；另一种是由我们应对孤独的方式带来的。有些方式让孤独的感觉更深重，就像恶性循环一样。所以，只有不认为自己很可怜，不同情自己，才能缓解孤独。

可见，处理内心孤独的最好方法，就是正确地认知孤独，悦纳自己，丰盈内心，与他人建立可以相互滋养的良性关系。

如何看待优越感

我在咨询过程中遇到一位 L 小姐,她向我讲述了让她感到十分烦恼的两位朋友。朋友 A 经常在三更半夜给她打电话抱怨自己在生活中遇到的各种不如意,比如工作不顺利、男友对她不好。有时,L 小姐因工作太忙或在处理其他事情而错过接听朋友 A 的电话,晚一点回拨过去时,朋友 A 就开始抱怨:"为什么你不接我电话,你是不是不想听我讲话?"L 小姐不知作何解释,只能笑着道歉并把话题引到朋友 A 的烦心事上。L 小姐笑称,她是朋友 A 人生大事的重要见证者。朋友 B 也是如此,一旦在工作上和家庭生活中受了委屈,就会来找 L 小姐吐槽。

虽然 L 小姐总是耐心地听她们倾诉并安慰她们,但内心总是恨恨地想:"为什么她们两个丝毫不顾及我的感受,拼命'倒垃圾'给我,而且,总是在失意的时候想起我,难道我脸上贴着'情绪垃圾桶'几个大字吗?更可气的是,当我在生活中遇到了难题想请她们帮忙时,她们却没有一个人愿意伸出援助之手,真是心寒,她们简直太不够意思了。"

说到这儿,L 小姐想起一件事——有一次,L 小姐正在和男友约会,两人高兴地吃着浪漫的烛光晚餐。朋友一个电话打过来,电话那头的她哭得很伤心。L 小姐一听朋友的哭声,便把拒绝的话咽回肚子里。为此男友感到十分不解和气愤："你好像是她们两个人的妈。"L 小姐感到忍无可忍，生气地和朋友撂了狠话。对方听后只消停了几日，又故态复萌，这让 L 小姐感到十分郁闷。

L 小姐和上面提到的两个朋友是大学同学，有 7 年的交情，她们之间一直是这种相处模式。L 小姐在咨询室中说："我已经快被她们俩逼疯了，为什么我的朋友会这样？"

人们总说要远离负能量的朋友，对 L 小姐来说，朋友 A 和朋友 B 就属于负能量的朋友。她们对生活充满各式各样的抱怨，情绪十分消极。L 小姐与两个朋友的相处让她感到一直在消耗自己，但是这样的友谊却持续了 7 年。L 小姐至今没有和朋友们断交，在于她善于从朋友身上照见自己，并以此为参照来督促自己改正缺点，直面生活。同时，在与朋友的比较中，L 小姐渐渐产生了优越感：你们的生活是如此糟糕，而我的生活十分舒心；你们遇到事情就惊慌失措，而我可以冷静地处理各类突发事件……

人的优越感从何而来

为什么人们总是有意无意地展现出优越感？这是因为几乎所有人都很在意他人的评价，想得到他人的肯定。人们总是感到自卑，他们需要从社会互动中获得价值感。

　　奥地利心理学家阿德勒认为，每个人都有不同程度的自卑感，因为每个人都想让自己更优秀，让自己过上更好的生活。这个世界很大，而人的生命很渺小、很脆弱，我们容易对自身状态感到不满，或者发现有一些事情无论怎么努力都做不到的时候，自卑感就会油然而生。

　　优越感与自卑感是一体互补的。正是因为对自我感到不足和缺憾，才有了对优越的追逐。在生活中，总是有人刻意强调我们的不足，这让我们感到焦虑和自卑。这时，获得优越感是应对自卑最好的补偿方式。在成长过程中，如果总是被否定、被质疑、被挑剔，或者达不到他人的期望，人们就会陷入"无助、无力、无用"的情绪旋涡，这将引发人们心底的自卑。人们只有通过吹嘘自己、贬低他人，甚至不断地否定对方才能获得心理平衡。但这并未让人们感到解脱，反而沉迷于从这种互动中获得的虚幻的优越感觉。例如争强好胜的人，总想超越其他人，为了压制别人，往往先下手为强。他之所以这么急躁，是因为他不相信自己有达成目标的能力，内心是自卑的，只有通过外在的行为让自己看起来强大。

　　这就像30岁之前的我，那时的我，对自己不是很有信心，总是在意别人的评价，经常在别人面前大秀优越感，希望借此得到他人的认同。我总是想向所有人证明：我很厉害。这便是优越感在作祟，让我们迷失其中。

下面我们就以四种内在关系模式为例，细致分析受到自卑感驱动的优越感是怎么产生的，并让我们对此展开清晰认知，及时调整自我感受。

鸵鸟型的人总是自我感觉良好，由内向外散发着优越感。鸵鸟型的人希望自己呈现给别人的印象是一个非常厉害的人。他人的夸奖可以大大提升鸵鸟型的人的优越感。然而在自卑情绪的推动下，鸵鸟型的人可能会为了获得优越感而故意贬损他人；或是哗众取宠，标新立异，强调自己的与众不同。

袋鼠型的人乐于与他人建立关系。他们会先释放出友善的信号，吸引他人来到自己身边，当大家放松警惕时，他们便不自觉地展现出自己的优越感：你们没有我可怎么办！其实袋鼠型的人的内心总在担忧他人的离开，担心他人认为自己是没有价值的，是可有可无的。

蜗牛型的人的优越感主要体现在自己能被更多的人喜欢、照顾和包容。为了达成这一目的，蜗牛型的人会讨好、示弱，借此引起家人或朋友的担心，让他们围绕在身边对自己关怀备至。蜗牛型的人通过这种"依赖状态"控制身边的人,从而获得内心的优越感——在他人心中,我是如此重要。

斑鸠型的人相对比较低调,他们不会特别展示什么,但会在某些场合谈论自己的成就。斑鸠型的人的优越感,往往是通过财富、事业等方面所取得的成就获得的。斑鸠型的人喜欢在人际关系中处于有利地位,往往看上去冷漠、理性,强调利益,这样做的目的恰恰是他们想要保护自己的脆弱。

如何平衡自卑感与优越感

追求优越感是人的本性,但是过分追求优越感,却是骨子里的自卑在作祟。越是自卑的人,越是追逐一些外在的东西。如何平衡这两种感觉,进而维护我们内心的平和,对此我给出以下两个建议。

第一,关注人生的意义。

高质量的社会感,有助于人们获得优越感。为了摆脱自卑感,有些人不断地发展自己,发挥更大的创造力,最后在某些领域成为佼佼者,并且造福了社会和他人。比如心理学家阿德勒,从小体弱多病,患有佝偻病,5岁时患了严重的肺炎,上学时被认为智力有问题，然而他的经历让他对生命、自我、自卑等有着深刻的思考，所提出的理论一直在指引迷惘的人。比如物理学家霍金，21岁时全身瘫痪，不能言语，他的宇宙观和学术理念让他成为现代最伟大的物理学家之一。他们在用其他领域的成功和优越，来应对身体羸弱方面的自卑感，这是一股强大的动力。

如果一个人在追求优越感的时候，能把优越感和社会感结合在一起，那么他多半能在人生有意义的方面取得不小的成就。

第二，接纳不完美的自己。

有些人通过追求成功补偿内心的自卑，这有点像在扬长补短，拼命地发展自己的长板来掩盖原本存在的短板，试图通过这种方式弥补自己不好的感受，但有些东西存在了就无法忽视。这就像一个人怀里抱着一个易碎的瓶子走在熙熙攘攘的人群中，特别害怕瓶子会被打破，然后到处躲避，躲到后来，一辈子就过去了。因此，不断地用优越感来解决自卑恰恰是放大了自卑，因为他们并没有真正地去理解它，接纳它。

我以前是一个非常自卑的人，一直觉得我要比别人优秀。当有一天，我接纳了自己的自卑后，感觉很坦然。接纳完整的自己，和原先拼命地去寻找优越感截然不同。接纳自己，就意味着我能落地了。只有落地，才会有站起来的机会，要不然就一直悬在半空中，疲惫不堪。

　　接纳不完美的自己，正视人生的缺憾，让我们摆脱自卑，也正视所谓的虚幻优越感，展现真实的自我，实现内心的平和。

怎样才能不那么"丧"

越来越多的人用"丧"来形容自己的状态：不想上班，工作不在状态；不想恋爱，与伴侣的关系出现问题也不想解决；打算做件自己喜欢的事情，想想又算了。"丧"带有颓废的色彩，一些人深陷其中，不能自拔，以一种"废"的姿态面对自己、他人和生活。

"丧"，听起来给人一种消极的感觉，大众普遍认为这是一个贬义词。这个词其实非常有趣，其背后隐藏着我们不知道的心理意义。

"丧"的心理意义

感到"丧"，可能只是想暂时停下来休息一会儿。现代社会中快节奏的生活方式和巨大的工作压力，都需要我们去承担和应对。但人不是永动机器，有时我们也希望自己能够休息一会儿，放空一下。我们停下了为未来而继续努力的脚步，开始听天由命，失去了对世界的好奇。其实，这时的自己只是太累了，觉得自我动能在渐渐变弱。

"丧"有时是一种自我放逐。放逐与放弃不同，放弃是指不再拥有追求，也缺乏前进的动力，对任何事情都提不起兴趣；而放逐是为了实现自洽而暂时选择让灵魂"流放"，让身体放空。曾经有位来访者对我说，追求自己的目标或信念时，他充满了力量，生命力旺盛，但是当发现目标无法实现时，他便觉得自己像泄了气的气球，迷失了方向，也失去了动力。这时他感觉自己很"丧"，但这并不意味着他不再继续努力，他只是想暂时逃避当下的事件带来的消极感受，从而选择自我"放逐"。

"丧"也是对失去的一种表达。我的一个朋友在和他人一起创办公司时信心满满，想要做到行业翘楚，但公司出事后他被踢出管理层。为此他的内心感到十分难过，不知道接下来要做些什么，无助和迷茫让他体验到了"丧"的感觉。

"丧"和"失"往往是联系在一起的，"丧"的原因一般离不开"失"的结果。在精神分析心理学派中，对"丧失"有着很多讨论和分析，即当我们失去了某样东西或者与某个人失去了联系，且我们无法接受这一现状，便会产生"丧"的感觉。长时间持续的"丧"感，其实源自现实中的失去。

"丧"在人际关系中的不同体现

如果从内在关系模式进行分析，"丧"对于不同的人际关系状态而言有不同的体现。

蜗牛型的人很在意与他人之间的关系，如果忽然之间一段亲密关系不复存在或某个在意的人从他们生活中消失，即他们比较信赖的关系或信赖的人消逝了，这时他们会表现得很消极，呈现"丧"的状态。假如接下来蜗牛型的人找不到另一段可替代的关系或是另一个可以依赖的人，与其重新建立连接，那么他们会变得更加消极、颓废。

鸵鸟型的人一直都有优越感，因此，如果某个让他们产生自豪感的东西消失了，他们就会觉得自己的自尊无处依附，从而陷入一种很深的"丧"的感觉。

袋鼠型的人的丧失感源自失去了可以照顾的对象。这一点在很多妈妈的身上表现得比较明显。我们可以发现，有些妈妈总是将所有的注意力都放在自己的孩子身上，当她的孩子长大后渐渐变得独立，这时孩子便表现出与母体的脱离，不再依赖妈妈全方位的照顾，妈妈们就会被"丧"的感觉包围。

斑鸠型的人一直在追逐他人身上的利益，当他们发现周围没有可以汲取利益的对象时，他们就会很沮丧。斑鸠型的人在合作关系中，希望对方能够更多地让利，如若对方不愿意，那么斑鸠型的人会感觉到目标缺失，让自己陷入"丧"的状态。

摆脱"丧"的困扰

下面我将提供三个方法，希望能够帮助大家尽快脱离"丧"的困扰。

第一种方法，建立新的目标，找到可追求的新对象。

"丧"是一种失去，感到"丧"的时候，没有目标，没有动力，没有欲望。所以在这个过程中，我们更需要建立一些新的目标。

就像在前文中提到的那个朋友，我给他的建议是，重新寻找新的追求目标，这样他就有了学习的动力，进而了解一些不一样的东西。通过追求新目标，我们可以逐渐恢复对生活和对他人的兴趣。那个朋友一直以来都很喜欢收集一些奥特曼的手办，这原本只是他对自己童年缺失部分的慰藉和补偿。但这些给了他新的灵感和工作目标，他去找奥特曼中国版权方争取联名权，并投入奥特曼的衍生产品的创作。朋友也因此重拾信心。

当感觉到很丧的时候，我们不妨停下来，观察身边的生活，让自己多多尝试，建立新的追求目标，帮助自己重拾信心，重新获得对生命的掌控感和获得感，平稳度过情绪低潮时期。

第二种方法，接受事实，直面生活中"丧"的感觉。

不管怎么说，失去的感觉永远是悲伤的。很多时候，我们在失去面前无能为力，我们不能阻止亲人的离世，也无法阻止爱人的分手，有时面对即将到来的失败，也无法做到力挽狂澜。"丧失"的这种体验是我们必须经历的，而"丧"的感觉也是我们必须承受的。毕竟，从母体剥离的那一刻，就注定我们的一生就是在分离和失去中长大，没有丧失，往往也没有成长。

有时"丧"的感觉也源自自然的不可抗力，在自然界面前，我们总是渺小和无能为力的。人生就是一场充满了喜怒哀乐的旅程，但我们不能只去强化消极的感觉。假如强化这种"丧"的感觉，就会让自己陷入一个类似受害者的角色而无法自拔，甚至会以"受害者"的身份来面对生活，面对世界。如果我们感觉到"丧"，想要有人来拉我们一把，但很多时候，能帮助我们的只有我们自己，我们需要主动拉自己一把。

第三种方法，遇到无法解决的事情时，"绕过去"也是一种解决办法。

有时不管我们怎么努力，有些事情也是无法达成的，或者说我们内心里的一些情结很难放下。这时候，我们就需要"绕过去"。多年前有一位来访者和我分享他应对抑郁状态的方法，就是放弃与抑郁症死磕的念头，学会与抑郁症相处。他说："抑郁症对我来说就像一个洞，以前我掉进去就出不来，但是现在我知道那个洞的存在，我就会刻意避开。哪怕掉进去了，我也不做过多的挣扎，而是转移注意力，等待情绪转移后，自己也就爬出来了。"这样想之后，他陷入抑郁状态的时间便越来越短，反而能更好地走出来。

世界上不是所有事情只要努力了就能达成，如果遇到这种情况，我们需要学会绕路。古人说"条条大路通罗马"，收获成功与肯定的方法绝不是只有一种，如果眼前这条路走不通，那么我们可以花更多的时间与精力走一条新路，但是收获并不会减少。

心理学家认为，应对焦虑最好的方法就是放弃焦虑。"丧"的状态往往只是表象，它所释放出来的信号更需要我们予以重视。如果感到累了，就地躺下也没有关系，只要你的心中还有一个让你追逐的目标，休息一下也无妨。给自己一些喘息的机会和时间，允许自己偶尔体验"丧"的感觉，给重压的心灵一个释放的渠道，之后我们将获得更大的动力完成对生命的追求。

为什么会越来越"佛系"

"佛系"也是现代人喜欢用来形容自己当下状态的一个词语。"佛系"与"丧"很像，都是一种放弃追求的状态。然而，人们不喜欢"丧"，认为这是一种消极的态度；却喜欢"佛系"，认为这代表了一种气质和境界。事实上，人们的"佛系"体验与佛家的境界并不相通。

"佛系"体验的本质

"佛系"是一个网络流行词，也是一种文化现象，是指无欲无求、不悲不喜、云淡风轻而追求内心平和的生活态度。虽然看起来对什么都觉得无所谓，实际上并没有佛家的豁达，反而更多的是对人生的无奈。从心理动因的角度进行分析，可以发现其中更多的区别。

"佛系"，是觉得自己不重要。

精神分析心理学派认为，人的内心存在一种合理化的防御机制，意思就是，当面临挫折或冲突时，我们会美化自己和身边的东西，这是为了维护自尊，使自己免受伤害。追求目标具有风险和痛苦，付诸行动的同时也不免感受到压力，而放弃有时也是一种选择。但激流勇退会让人感到羞耻和惭愧，于是人们需要美化自己的放弃，使自我选择尽可能合理化。

从这个角度看，我们所说的"佛系"，即对任何东西都感到无所谓，往往是指我们觉得有些东西不重要，甚至连自己都不重要。我不需要那些成就感，也不再需要那些维护自我的东西。所以当我们笑称自己"佛系"的时候，也许我们正在回避一个不是那么美好的自己，或者逃避一段不是那么如意的生活经历。这其实是自我关系出现了问题。"佛系"这一标签可以给我们提供一些心理安慰，但更多的是导向回避。

对他人而言，一段关系中的"佛系"是一种被动攻击。

有一类人在人际交往中，不合作，不拒绝，不负责任，奉行"三不"宗旨。这类人看似"佛系"，但其所营造的这种状态往往会给对方造成很大的压力，将破坏双方关系。

一段关系的维系，需要双方一同做出努力。一旦一方呈现无所谓的态度，另一方希望通过付出而进一步发展关系的热情，就被"佛系"的态度浇灭了，会感到心灰意冷。这对于试图付出的一方而言，将带来心灵上的伤害。因此，我们可以得出一个结论——"佛系"是一种被动攻击的状态。所谓"佛系"的人并没有对关系中的另一方进行直接的指责或贬低，却在无形中磨损对方的耐心和热情。

如何与"佛系"的人相处

"佛系"，是对自我定位认知偏差，是消极的自我关系。在生活中，通过对不同内在关系模式的探索，我们可以探知如何与"佛系"的人相处。

蜗牛型的人，依赖他人，害怕被抛弃。因此，蜗牛型的人总是告诫自己：没有期待就没有伤害。于是在与他人建立关系的过程中，蜗牛型的人一旦感觉到自己没有被很好地对待，或无法从他人身上获得信赖感，便会逃避这段关系。久而久之，他们对他人便不再抱有任何期待，没有了期待，也就没有了伤害。

如果蜗牛型的人总是处在逃避的、无感的"佛系"状态中，那么他们便会处于人际交往的"真空"状态，把自己与别人隔离开来，或者说逃避所有的人际交往。我们常说"哀莫大于心死"，可以用来很好地形容蜗牛型的人的"佛系"状态。与蜗牛型的人相处时尤其要小心他们的这种状态，因为这代表他们已经放弃了这段关系。

相对来说，鸵鸟型的人不会出现"佛系"的状态。因为他们通常不乏优越感，竞争是他们的常态。但若是遭受了重大打击，鸵鸟型的人感到万念俱灰，也会放弃追求，不过这更像是自尊心受到损伤的"丧"的感觉。这意味着鸵鸟型的人放弃了自己和自己的追求。

袋鼠型的人意在拯救他人或照顾他人，所以总是把自己当成一个没有需求的人。因此，袋鼠型的人最具"佛系"特质。袋鼠型的人会把自己的需求放在别人的需求之后，他们需要展现"佛系"，以彰显自己是乐于奉献的。

斑鸠型的人和鸵鸟型的人一样，很少出现"佛系"的状态。斑鸠型的人与生俱来的渴望就是争夺利益，不争是无法自洽的。而且斑鸠型的人不会轻易让自己在一段关系中受到伤害，所以很难有什么事情会让他们放弃追求。所以，一旦斑鸠型的人表现出"佛系"，那么这可能是他们竞争的新策略。

走出"佛系"状态

实际上，"佛系"并没有给人们真正带来内心的平静，反而反映了内心的苦恼和纠结。对于追求"佛系"的我们而言，或许下面这四种方法可以帮助我们找到内心真正的平静。

第一，审视生活，找到症结，对症下药。

如若内心充满欲望，便与"佛系"难以挂钩。因此，"佛系"代表我们对欲望的压抑与放弃。我们在社会化的过程中经受了挫折，慢慢地便对一些东西不抱期待，变得好像对什么都无所谓了。因此，我们要正视挫折，找到自我伤痛的症结，和信任的人聊一聊，听取不同看法，也许就可以很快调整过来。

第二，建立自主意识，加强自我能力。

在潜意识中，我们总是渴求他人为我们提供一些东西，包括爱与资源。我们渴望得到他人的照顾，因而我们忽略了本身的能力，同时也会错失很多成就自我的机会。发现自己越来越"佛系"，其实也是对自身能力的不信任，所以我们总在寻求他人的帮助。但这种状态无法让人们在关系中得到滋养，往往只会消耗双方的关系。摆脱"佛系"标签，需要我们相信自我能力，给自己一个目标，持续努力便可获得成就感。

第三，正视"佛系"。

有时，给自己贴上"佛系"标签是一种自我安慰的手段。如果感到特别累、特别辛苦，我们就让自己放松一下。但是我们不能一直"佛系"下去，毕竟人生之路还很长，而我们无法脱离俗世，也不可能真正实现无欲无求的生活。如果不是真的下定决心修行，"佛系"只会让我们对所处的环境更加不适应。所谓"佛系"，不是舍弃欲望，而是有选择地在有限的时间里放空自己。

第四，求助专业人士。

如果我们失去了对生活的掌控，沉浸在"佛系"的状态中无法自拔，甚至丧失了一切欲望，那么我们在不知不觉中就已经陷入了情绪沼泽。在社会化的过程中，每个人都需要遵循社会规则，这可以让我们与周围的人和事相处融洽。如果我们不能很好地适应环境，觉得自己和周围的人与事格格不入，那么可以尝试向专业人士求助，不能一味想当然地"佛系"。

追求完美却陷入痛苦怎么办

"完美"于我们而言其实是一个理想化的状态。尽管每个人对完美的定义都不一样，但每个人所期待的完美是永远达不到的。所以，追求完美很多时候不会给我们带来满足感和幸福感，相反会给我们带来很大的挫折感，让我们感到痛苦。

追求完美的心理意义

人们之所以追求完美，原因在于其背后有着三重重要的心理意义。

第一，为了追求完美的客体。

前文提到过，本体，属于一个人自己的意识和潜意识心理，也就是"我"。客体，是指一个被投注情感能量的对象，这个对象可以是人物、地点、物件、想法或记忆，被投注的情感能量可以是爱、恨或者其他。对客体的追寻是人类行为的原动力。完美的客体对每个人来说，都具有诱惑力。

完美的客体投射的是完美的世界，例如我们期待美好的事物、一段完美的关系。从主观上讲，追求完美的客体更多的是在照顾我们自己的情绪和感受。比如，我们希望把房子装修成我们想要的样子，在追求这个目标的过程中，我们的心情是愉悦的，但是如果达不到目标，我们就会感到非常失落，甚至产生愤怒的情绪。我们心中所期待的理想中的房子，便是完美的客体。

在我们的认知中，世界应该围着我们转，然而这不过是我们在认知层面的偏差。这种认知偏差早在我们的婴儿时期，即在生命的前 18 个月里就已经存在，那时的我们觉得世界和自己是一体的，随着慢慢长大，我们才能将自己和自己以外的世界区分开。但是由于大脑有将事物理想化的倾向，我们会把婴儿期的情感依赖对象逐渐理想化。

第二，应对自我否定的方式。

从"走出自我否定的旋涡"一节中，我们可以知道，很多时候我们否定自己，是因为我们觉得自己可以更完美，或是我们希望自己可以更完美，我们会创造并且让自己努力成为这个完美的自己。但有时这种努力是徒劳的，这是对自我缺乏正确的认知，而采取的一种缓解自我否定所带来的焦虑感的方式。就像有的人会说："我之所以没有成功是因为没有遇到好的机会""我本来是一匹千里马，只是还没有遇到我的伯乐"……这些话意味着防御机制的开启，它可以帮助人们防御在现实生活中以及在人际关系中遇到的一些挫折。

第三，追求完美，渴望得到他人的关注和爱。

被他人认可和被他人关爱，是我们内心深处的渴望。一旦我们产生了自己不值得被爱的想法，就会萌生不安全感，甚至会出现失落和恐慌的情绪。这种想法可能源自我们曾经的一些经历，而且这些经历给我们带来了不好的体验——我们认为自己被糟糕对待的原因是我们不够好，而只有完美的人才会得到他人的认可和爱。于是，我们便开始了不断追求完美的过程。

追求完美的客体和完美的自己，是我们心中一直未能达成的愿望。虽然看上去，我们是积极的、努力的、严于律己的，但是这也意味着我们是焦虑的、恐慌的。很多时候，我们不知道也不敢承认，有些事情是我们再怎么努力也做不到的。所以当我们发现自己不完美或者发现这个世界不完美的时候，我们会产生一种深层次的对自己的否定。这时的我们并没有安抚好内心的焦躁，反而时刻处在焦虑之中。

追求完美的不同表现

具体到一段关系中，不同内在关系模式的人，在追求完美的过程中，所表达的对自己和对关系的认知也是不同的，需要我们进行区分。

蜗牛型的人追求的完美，是指追求一个完美的客体，例如完美的他者或完美的环境。这表示蜗牛型的人内心渴望有一个人能完全按照他们想要的方式来对待他们。蜗牛型的人在关系中追求完美，这种完美所指向的是他人。

鸵鸟型的人从未停止追求完美的脚步，这是他们维护自尊的方式。对鸵鸟型的人来说，能够成为引领者是他们追求完美的动力。他们也坚信自己是一个具有影响力的人。鸵鸟型的人所追求的完美，指向自己，他们希望能够呈现一个完美的自己。

袋鼠型的人追求的完美，是一种完美的能力，他们希望能够达到他人提出的要求，只要是别人的需要，他们都能够满足，也都可以应付。袋鼠型的人希望自己是一个超能力者，能照顾所有人。

斑鸠型的人追求的完美，是完美的利益和完美的合作者。如果在追求的过程中遇到了困难，斑鸠型的人便渴望对方能够放弃自己的利益而满足他们的利益。斑鸠型的人希望自己能够获得所有。

走出追求完美的困境

不难发现，为了消除内心的糟糕体验，我们误以为追求完美是一种很好的解决办法，然而却陷入了另一种痛苦。要调节这种痛苦情绪，我们可以试试以下三种方法。

第一，打破内心完美的客体。

这个世界并不存在绝对理想化的客体，而只有相对完美的客体。我们总是不自觉地陷入对完美的期待，我们觉得伴侣应该完美无缺，认为自己的孩子应该最优秀，要求领导和管理者永远不犯错，而自己的审美无可挑剔。可是，在现实中，不完美才是生活的常态。

生活本就如此，这并不是为了让我们放弃对生活的期待，而是让我们更加理性地认识这个世界。尽管不完美是生活的常态，但我们依然可以对客体展开合理期待。例如，一段相互滋养的关系，在某些方面与自己契合的伴侣，人格独立的孩子，相互尊重的父母，有管理能力的领导，等等。我们只有打破心中完美的客体，才能够接受客体的不完美。

其实，打破完美的客体，即打破"以自我为中心"的自我中心主义，认识到他人、社会与世界都有自己的特质和发展规律，从不以我们的意志为转移。以多元视角看待这个世界，能够帮助我们重新建立与这个世界的关系。

第二，接受不完美的自己。

有时，我们明明知道自己达不到完美的要求，却偏要折磨自己，进而不断否定自己。当感到痛苦时，我们可以尝试找人聊一聊，聊聊自己当下的状态，聊聊自己的想法，聊聊自己的沮丧和挫折，聊聊自己所焦虑和担忧的东西……在这个过程中，我们既可以释放自己所承担的压力，也可以对真实的自我产生清晰的认知。

美国家庭类喜剧《摩登家庭》中的艾利克斯（Alex）从小就是学霸，一向成绩优异，追求完美，但进入高中后，学习压力让她情绪激动，性情大变，导致家人都不敢和她说话。于是，她向心理咨询师倾诉，周围的人对她的高期待让她感到十分焦虑，谁也不保证自己永远保持成绩最优。在心理咨询师的引导下，艾利克斯第一次面对真实的自己。当她结束咨询，看到门口等待的妈妈时，艾利克斯走过去抱着妈妈大哭起来，终于释放了自己的不安与恐慌，做回了真实的自己。

聊天的对象可以是朋友、家人，也可以是专业的心理咨询师，通过与他们的聊天可以让自己放下心中的焦虑，真实面对这个世界。在一段真诚的人际关系中，我们能够看到真实的自己——我们没有想象中的那么好，也没有想象中的那么糟。

第三，与追求完美的信念做辩论。

在生活中，让我们产生不好的体验的，并不是失败的事实，而是我们对失败产生了不合理的信念和想法。其实追求完美是一种典型的不合理信念，可以通过自己与自己的辩论转变这个信念。

首先，列出那些不合理的且给我们带来痛苦的念头。例如："面试必须成功，否则我就是一个失败的人""必须找到一个完美的伴侣，否则我不会获得幸福"等。

其次，驳斥这个想法。例如："其中的逻辑在哪里？""如果不能如愿，我的生活会变得糟糕吗？""这些一定会发生吗？""有什么证据证明没有人喜欢我／我不会幸福／我是没有用的？"

最后，重新设置合理的新信念。例如："面试的结果有成功和失败两种可能，即使我成功了，也不代表接下来我一定会活得更好，假如失败了也不代表我没有能力""幸福不仅仅来自婚姻，还来自自我实现，来自我的朋友和家人，可以期待与自己契合度更高的伴侣，但是不一定是完美的伴侣"。

第五章

应对家庭关系冲突

为什么总是两副面孔

有一种人面对外人时是老好人，但是对身边亲近的人经常表现得很不耐烦，甚至发脾气。有一次，我在大学讲课，一位女同学分享了她家里的情况。她的爸爸对别人都很和气，面对家人时就变成了"暴君"，经常责怪家人，大声吼叫，似乎外人才是他的家人，而家人反而成了他的仇人。

还有一次，我在一家世界 500 强的企业讲课，一位人力资源部门的女士说出了自己的困惑。大家都说她在工作中对同事非常友好，只有她自己知道，回到家里，只要妈妈一和她讲话，她就感到特别烦躁，觉得妈妈特别啰唆。随即她又感到十分愧疚，想到父母年纪大了，有什么好东西都是首先想着要给她。她也不明白自己为什么会这样。

两副面孔背后的心理原因

我们也有过这样的时候或者被这样对待过，很多人都容易对家人感到不耐烦，这种情绪背后有着深层的心理原因。

第一，总是想做一个老好人，处于取悦他人的状态。

有些人倾向于在社会中做一个老好人，并努力维护这个人设，因为这样更容易获得社会资源、适应环境。于是他们对家庭外的人处于一种讨好或取悦的状态。但是取悦他人会消耗能量，这让他们的内心产生很大的压力。这种压力需要释放出来，所以，当离开社会关系，面对家人时，他们就不由自主地变成了一个苛刻的责怪者，表现出不耐烦、乱发脾气。

然而，有些人之所以想要在社会关系中维护一个老好人的人设，在心理层面其实是因为内心对自己不认同。人们害怕他人的负面评价，害怕他人不认同自己的价值，于是去讨好和取悦他人，以获得较高的评价。因此而产生的压力和焦虑则转嫁给了家人，可以说，这时的家人是在为他们的取悦行为"背锅"。

第二，家人对他们来说是安全的，因此出现了退行现象。

在心理防御机制中，有一种现象叫作"退行"，就是人在遇到挫折时，放弃已经成人的处理方式，退化到用孩子的处理方式对待这些挫折和压力。就像人们违反了交通规则，被交警拦下，成人的处理方式是了解情况、承认错误，并承担相应的责任；而小孩的处理方式可能是大哭和狡辩。出现退行现象的个体在面对家人，尤其是父母的时候，忘记了自己是一个理性的、与父母平等的成年人，表现出随意撒娇、依赖和任性的一面。

人的潜意识会传递这样一个信息：家人是安全的。因为成长经验告诉我们，家人始终是家人，不论发生什么都不会改变这种关系，家人也不会离开我们；其他人则会因为我们的某个言行离开，甚至伤害我们。

第三，社交面具戴久了，会感到疲惫。

为了适应环境，人们或多或少会戴上社交面具，压抑和隐藏自己真实的感受。然而，面具戴得越久，就越觉得疲惫。于是，人们回到家，摘下面具，舒缓压力，并且希望能够得到家人的包容和支持——得到在社会关系中无法获得的感受。

第四，在与家人的相处中，隐藏了不好的关系模式。

如果我们和家人的相处模式总是让我们感到不舒服，那么或许我们与家人的关系是控制与索取的模式。例如，妈妈拼命想让孩子吃东西，而孩子明明已经吃饱了或者根本不喜欢吃，但是她依然坚持让孩子吃。看上去妈妈是在对孩子好，实际上妈妈正在试图控制孩子，她希望孩子能够按照她的想法去做。妈妈甚至会对孩子说："你多吃点妈妈就会开心。"妈妈这样做，其实是在索取孩子的情绪价值。任何人处在这种情境下，都会感到不舒服。

有时，家人之间的控制与索取并不是有意的，很多人在不了解的情况下控制家人，导致家庭关系越来越糟糕。

对家人不耐烦的表现类型

不同的内在关系模式的人，对家人不耐烦的表现也是不同的。

蜗牛型的人是最容易出现对外人友善、对家人不耐烦的类型。蜗牛型的人的依赖感很强，他们通常一边依赖，一边害怕。所以他们希望依赖的对象能够让他们有安全感，能够照顾好他们，能够实现他们所有的期待。但是没有人可以如此完美，所以蜗牛型的人会感到失望，产生恐慌和不安，表现出来就是不耐烦。

如果你是一个蜗牛型的人，这时要调整自己追求客体完美的状态。如果你有一个蜗牛型的亲人，那么你要做的事就是给他提供一些安全感。比如，有的蜗牛型妈妈会在孩子面前抱怨说："你现在这么不听话，将来会怎么对我？"这时孩子可以去拥抱一下蜗牛型妈妈，告诉她，未来一定会照顾好她，不会不管她。这是一个能够增加安全感的承诺。虽然承诺不一定能马上让蜗牛型的人获得安全感，但是在当下可以起到安抚作用，能够让他们停止抱怨。孩子要避免表现出攻击性或嫌弃的态度，也不要讲道理、反驳。

鸵鸟型的人也常常表现出对亲人的不耐烦。与本节开篇那位父亲类似，他们在外面表现得很友好，为他人提供很多帮助，因为这样能够获得心理资本，换来更多人的尊敬和赞美。他们回到家中，就会换一种形式获得心理资本，他们摆出一副"君王"的样子，让家人听从自己命令，为自己提供服务。

如果你是一个鸵鸟型的人，就要调整自己获得心理资本的方式，去发现家人的价值，看到他们的优点和付出。如果你的家人是鸵鸟型的人，那么让他发现你的重要性，为他提供一些帮助，或者在获得成绩时对他表达感谢。这些都能够让鸵鸟型的人变得更温和。

袋鼠型的人较少表现出这种状态，一旦他们对家人不耐烦，则是因为他们的付出没有被认可，从而把需要他们照顾的人看成攫取他们资源的人。所以，在家庭中，袋鼠型的人是照顾者的角色，会将需要照顾的家人看成累赘和负担。面对自己的负担，自然不会有好心情，只会数落、埋怨，他们喋喋不休地强调自己的功劳和苦劳。袋鼠型的人需要找回心理平衡。

如果你是袋鼠型的人，那么需要先反思一下，你是不是入侵了家人的边界，完全无视了家人的能力；然后，放手并信任他们。如果你的家人是袋鼠型的人，那么肯定他的辛苦和价值，经常表达感谢"你是对我最好的人"，或者明明有些事情可以自己做，但是有意识地请求帮忙。切记，要发出求助信号，而不是理所当然地交给他。虽然这时袋鼠型的人会一边唠叨，一边做事，但他们的内心是开心满足的。

斑鸠型的人一般不会出现对外人友善、对亲人不耐烦的情况。因为他们更看重对方的价值和贡献，他们会想办法建立一种合作共赢的关系。

如何改变对亲近之人不耐烦的状态

通常来说，要想改变对亲近之人不耐烦的状态，有以下四种方法。

第一，改变自己的认知。

这个世界上真正对我们好，能够无条件爱我们、包容我们的人其实并不多，所以我们要对爱我们的人更好一点，他们值得我们付出更多的真心和耐心。与外人相比，我们与家人相处的时间更长，投入的情感更多。不要忘记，他们一直是我们的支持者。

第二，看到并体验家人对我们的意义。

有时我们抱怨，是因为只看到他们的缺点，看到他们没有满足我们的需要，没有提供稳定的家庭环境和积极的情绪支持。或许他们提供支持的方式与我们的期待不同，但是他们从来没有停止爱我们。如果我们在和家人的相处中感到难过，那么要做出调整的是我们自己。因为在关系中，谁感到痛苦，谁改变。

第三，尝试信任他人。

对家人的不耐烦，是为了平衡对他人取悦的压力，如果这份压力得到缓解，那么内心就不再不安和烦躁。我们小心翼翼地对待他人，是因为觉得自己不这样做，他们就可能伤害我们，惩罚我们，带来利益上的损失。其实，同事希望你分担工作的请求，朋友突破了你的边界，都是可以拒绝的。在社会中，大家都在遵循社交规律，在规律范围内，拒绝并不会影响自己与他人的关系。

少一些取悦和压抑，不良的情绪也会减少。

第四，为人生赋予新的意义。

我们可以尝试重新认知自己所扮演的社会角色，思考一下自己对周边的人来讲是朋友还是敌人，对家人是怎样的理解。这些问题的答案决定了我们会表现出什么样的态度。如果我们肯定家人所做的贡献，承认家人的价值，那么我们对待他们的态度自然就会发生改变。

关系是相互的。如果我们拥有脾气暴躁的家人，可能我们自己就是脾气暴躁的人，但内心总是期待对方能做出改变。在关系中，最重要的改变其实是从自己开始的。**我们做了一些事情之后，再去看看对方的表现是不是不一样了。**在家庭中，即使再固执的父母，再幼稚的孩子，也是独立的个体，我们不能随意要求他们改变，而是需要先调整自己。

在自己和父母之间树立边界

曾经有位来访者对我说："我都30岁了，为什么我的父母还是什么都要管。他们非要指导我怎么带小孩，随便动我家里的东西，甚至在我拆快递时，都要看看买了什么。最让我无法忍受的是，我和丈夫在房间里说私密的话时，我妈不敲门就突然冲进来。"

还有一位来访的女孩对我说，她父亲对她的爱已经到了一种无微不至的地步。一天要打好多个电话给她，询问她生活中所有细节，包括她交了什么朋友、穿什么衣服。她觉得很烦恼，总觉得哪里不对劲。

面对父母无微不至的关心，我们倍感压力，甚至感到难堪、羞耻，控制不住自己的怒火，可是发完脾气后又觉得愧疚和难过。这是很多人的现状，厌烦父母的干涉，渴望摆脱他们的控制，同时又渴望他们的爱。

父母似乎不知道他们与孩子之间应该有一个边界，也似乎从来不认为孩子已经长大成人，无法接受孩子已经是和他们一样的成年人。其实，父母的"干涉"，是因为他们想和孩子达成一种共生的状态。涉及孩子的所有事情都会引起父母的注意，他们想在这些事情上为孩子做点什么，这在心理学中被称为"共生"。例如，我们难过时，父母立刻就会察觉，并且马上询问我们是不是受了什么委屈，父母因为我们的难过情绪而产生了跟着一起难过、着急的情绪，就是共生状态。

共生状态背后的原因

在生活中，我们其实也在有意无意地纵容这种共生状态，有时，是我们在允许父母的干涉，换言之，我们离不开父母的干涉。这背后同样隐藏着深层的心理原因。

第一，接受父母的干涉是"超我"需求。

"超我"是精神分析学派的心理学家弗洛伊德提出的概念，他将一个人的内心分成超我、自我、本我三个部分。其中，"本我"就是最原始的欲望和冲动，遵循快乐的原则，希望能够即时满足一切欲望；"超我"是学习而来的道德和规则，时刻压抑本我的欲望；而"自我"能够平衡超我和本我之间的冲突，遵循现实原则，找到一个合适的方式满足欲望。追求享乐是本我的欲望，超我则不允许本我享乐，要求我们必须劳动，于是自我做出生活计划，规划工作和休息的时间，并且制定劳动与享乐之间的规则，同时满足本我和超我的需求。

我们的传统文化一直教育我们，要孝敬父母，所以超我也会秉持这个原则来要求我们听父母的话。但是本我是自由的，不接受被管束，如果自我不能协调好二者之间的关系，那么我们就会陷入一边对父母的干涉感到厌烦，一边自责愧疚的状态。而那些越是遵循超我的人，越容易被动地接受干涉，即使感到不舒服，也会选择隐忍和接受。

第二，追求完美。

一方面，我们想要扮演一个完美的自己，不仅能够按照自己的想法做事，而且能够得到父母的认同。换句话说，我们希望他人的评价体系和自己的完全一致。但是这种完美状态注定无法实现，所以当父母的评价和我们的自我评价有所出入时，我们就觉得被干涉，并且感到不舒服。但是，我们依然渴望得到父母的认同，并不断试图让他们认可我们的行为。如此循环往复。

另一方面，我们也在追求完美的父母，我们期待父母在我们需要的时候，以我们期待的方式对待我们。所以，我们在生活中不断地验证父母是否完美，然后不断地否定父母。

第三，没有意识到自己对父母的依赖。

常常有人陷入这样的困惑：不被父母看好的恋情要不要继续？我通常给出的答案是，如果你需要父母的钱，就不要继续；

如果你选择继续，就不要再惦记着父母的钱。这听起来有点扎心，但这是明确我们与父母之间界限的最直白的方式。不可能只要求父母既给你提供资源，又给你完全的自由。这不是完美的亲子关系，而是控制与索取。其实，我们一直对父母有需求，也有依赖。被父母干涉时感到不舒服，依旧默默选择接受，就是因为潜意识在帮助我们维持这种依赖。

摆脱干涉，树立边界

我们该如何摆脱干涉，与父母之间树立一个合适的边界呢？我有以下四个建议。

第一，尝试在父母面前做真实的自己。

我们有时在父母面前报喜不报忧，认为这是有担当的表现，其实这是一种攻击。不报忧是害怕他人无法承载忧的结果，是对他人、对关系的不信任。我们不相信父母不会责怪我们、不会对我们失望，不相信他们有足够的能力帮助我们。这种不信任是一种防御、对抗的状态，是对父母的攻击。

我们在父母面前做真实的自己，反而能够让父母安心，不再猜测和担忧。父母的过度干涉，是焦虑的一种表现。他们希望了解我们的真实情况，知晓我们的困境，分享我们的喜悦。如果我们能够主动分享自己的感受和想法，父母自然就不会在我们不希望被打扰的时候入侵我们的边界。因此，树立与父母的边界的第一步，就是在父母面前做真实的自己。

第二，识别情绪的本质，自我调节。

不同的人被过度干涉后的感受并不完全相同，被过度干涉后所产生的情绪也不同。识别这些情绪的本质，可以帮助我们树立更加明确的边界。

蜗牛型的人希望被他人照顾，所以最容易被父母干涉。如果他们认为这些干涉是自己需要的，那么他们会欣然接受，并觉得很舒服。如果他们认为这些干涉是自己不喜欢的，那么他们就会感到难受。但是蜗牛型的人无法终止对依赖的需求，所以他们会感到矛盾，既想要独立，又舍不得依赖。这时，蜗牛型的人需要做出取舍以平衡心中的矛盾。

袋鼠型的人往往会成为干涉孩子的父母。当他们面对自己的父母时，会把父母的干涉当成对自己的要求，如果没有满足父母的要求，他们会感到委屈，认为自己没有足够的能力。袋鼠型的人要去观察和收集父母的积极反馈，尊重父母的想法和感受，在父母不知情的情况下给他们买东西并不一定是惊喜，与父母沟通商量后的效果更好；同时提醒自己，不必满足父母所有的要求。

鸵鸟型的人被干涉后会感到羞耻。对他们来说，父母的干涉或建议是对个人价值的否定，破坏了鸵鸟型的人的心理资本。鸵鸟型的人最爱报喜不报忧，因为他们希望得到父母的赞赏，在父母面前也是完美的、优秀的样子。因此，鸵鸟型的人首先需要转变认知，认识到父母并不是在否定自己，然后做真实的自己。

斑鸠型的人基本不存在被干涉的情况，所以在此不再讨论。

第三，立志自立。

想要自己决定自己的事情，就要从依赖的状态里走出来，真正走向一个成年人的世界。在职场中，如果有人为你的事业提供了资金和资源，自然会对你的工作提出意见。否则，对方没有权利和立场干涉。同样地，在家庭中，如果我们还在接受父母提供的各种形式的资源，就无法脱离他们的指导。只有真的做到了自立，才能在心理上与父母平等，将父母的建议理解成对子女的担心，而不会将之视为必须满足的要求。这也是与父母树立边界的重要环节——下定决心。

第四，用一个仪式完成一次彻底的叛逆。

很多人生节点都需要仪式帮助我们和他人明确其中的变化，如开学典礼、毕业仪式、入职培训等。我们成年，也需要这样一个仪式，让我们彻底脱离小孩阶段与父母相处的模式，宣布自己已经成年，从此与父母的关系变成成年人与成年人之间的平等关系。例如，搬出去独自居住，或是每个月承担一部分家中的开销等。

我接待过一位 34 岁的男性来访者，他的几段恋情都被父母干涉，父母认为这些女生并不适合他。后来，他与母亲做了一次深度的交流，他问母亲，是不是担心自己找了媳妇会影响母子关系，或者担心这些女生不是好儿媳。然后他向母亲指出，在整个过程中，母亲的标准是选择一个适合家庭的好儿媳，而他的标准是选择适合自己的妻子，母亲的标准并不适合他。母亲听完，默默地承认了自己的私心。通过这次长谈，母亲意识到自己的儿子是一个独立的成年人，之后再也没有干涉儿子的亲密关系。

让我们和父母树立起边界，为这个边界做一个"落成仪式"，向父母，也向自己宣告：我可以。

和父母想法不同如何沟通

常常有朋友向我诉说他与父母的矛盾，最让他感到苦恼的是没有办法和父母顺畅地沟通，要么无法控制自己的情绪，要么被彼此的道理缠住。

我有一个朋友从事动漫设计工作，他的父母对他的职业很不满意，更希望他能从事一个收入稳定的传统职业。但是这个朋友并不认同父母的观点，于是两代人僵持不下。在僵持的过程中，朋友承受了许多压力，父母一直比较强势，经常使用威胁性的语言逼迫他，甚至说出"你要是不换工作，我就和你断绝亲子关系"，以及"要是你还做动漫设计，以后就别再进这个家"。

我的另一个朋友也和家里闹翻了，原因是他交了一个各方面都很合拍的女朋友，但是他的父母嫌弃对方不是本地人，家境也不好，于是张罗着给他相亲。朋友无法忍受，气得离家出走，和父母的关系闹得很僵。

与父母难沟通的原因

与父母的沟通问题也是沟通心理学中一个重要板块，从沟通心理的角度看，与父母难沟通的原因有以下四种。

第一，父母与子女的期待不同。

通常，父母对子女的期待是，子女听话，能够按照父母的想法去做事情。这源于父母对子女的照顾本能，将子女从完全无法独立生活供养到长大成人，他们已经将为子女做规划视为自己的一部分。但是子女对父母的期待是，父母应该理解自己，让自己自由地选择。子女一直渴求得到父母的认同，但是这样的渴求会让父母感受到子女对自己的依赖，认为没有自己的帮助子女无法成功，因此更加不能放手。所以渴望父母认同的成年子女，往往得到的是父母的否定。

沟通双方的期待不同，自然难以达成共识。又因为是亲人的关系，于是都认为对方应该包容自己，做出改变是理所当然的。在彼此的期待都不能被满足的情况下，冲突就发生了。

第二，父母与子女之间有代沟。

由于父母和子女的成长环境、时代背景、教育背景不同，两代人的价值观是不同的。两代人的沟通方式和思维方式根本不在同一个频道上，这些都导致代沟的出现。比如，年轻人接受新事物的能力较强一些，喜欢使用微信、微博等社交软件，但是许多父母并不能理解这种方式，他们更喜欢直接面对面地对话。年轻人有年轻人独特的语言习惯，这也是父母无法立刻领会的。子女总是误以为随着时间的推进，新的要优于旧的，于是认定父母的想法太保守，却不知道这样会导致冲动和冒进。只看到彼此的不同，忽略了彼此的可取之处，沟通就难以求同存异。

第三，父母和子女都特别希望得到对方的认可。

在人们的认知习惯中，总是觉得对与错很重要，只有证明自己是对的，才能让对方屈服。因为"我是对的"证明我们有能力，证明我们应该被认可，证明我们是值得的。一旦有人反对我们的意见，我们就觉得自己被否定了，像做错了事一样，产生强烈的羞耻感。于是，为了证明自己是对的，不论对方是父母，还是子女，我们不停地和对方争辩，最后甚至背离了关心对方的初衷，变成了对与错的争论。

就像我们儿时渴望得到父母和其他成年人的认可一样，父母也有这样的需求，他们也希望能够得到子女的认可，认可他们是优秀的父母。追寻认可是每个人都无法脱离的需要。

第四，沟通的模式一旦形成就很难改变。

很多成年的子女经常和父母发生冲突，表面上是意见不合导致的沟通障碍，实际上与童年时不愉快的体验有关。例如，一个人小时候因为一件小事没有做好，被父母很严厉地批评、指责，成年后，他再次遇到类似的情境，就会唤起童年痛苦的情绪，于是反抗父母，争吵自然也不可避免。

四种内在关系模式就是来自童年期与父母相处的情感体验。这些沟通模式是我们自己摸索出来的应对世界的模式。内在关系模式中隐藏着没有被好好对待的感受，也是我们不能和父母顺畅沟通的根源。

蜗牛型的人的父母控制欲比较强，侵入性比较高，与子女之间形成控制—依赖的关系。鸵鸟型的人的父母往往很严厉，对子女要求严格，督促子女要更加努力，一直向子女传达"你还不够优秀"的信号。袋鼠型的人的父母有两种情况，一种父母也是袋鼠型的，被无微不至照顾长大的子女会内化这样的想法："不论我是否需要，父母给我的，我必须接受。"另一种父母则总是忽视自己的子女，因为袋鼠型的子女最懂事，所以父母总是在照顾其他不懂事的子女，于是袋鼠型的人更加想为家庭做出贡献，以避免被抛弃。斑鸠型的人的父母传递给子女的就是世界不安全的信念，并且很少满足子女的需求，即便满足也是有条件的。于是，斑鸠型的人从小就开始和父母斗智斗勇。

如何与父母顺畅沟通

我们发现内在关系模式中隐藏着自己的困境，或许就不再执着于童年时未被满足的体验，不再以此为基础与父母进行沟通。此外，我也总结了以下五种方法，希望能够帮助大家解决与父母之间的沟通问题。

第一，不要强调对错，放弃说服对方。

如果一开始就想着说服对方，让对方认错，并将你的想法作为目标，这不是沟通，而是控制。正确的沟通应该是表达自己的感受，找到自我的观点，求同存异，达成共识。小孩子才分对错，大人更关注结果。

例如开篇关于职业选择导致的冲突，如果我的朋友能够客观地与父母分析从事动漫设计工作的利与弊，告知父母动漫设计对于自己的重要性，而不是一味地让父母包容和理解自己，或许就能突破父母原来的认知，让父母对动漫设计有一个全新的认识。这样沟通就会顺畅很多，变成成人间的理性对话，而不是亲子之间的感情争夺。

第二，使用非暴力沟通的方式。

很多人会说："我已经向父母表达我的感受了，已经说了我的想法，可是他们就好像听不见一样。"有了明确的沟通内容后，还需要使用一定的沟通技巧。如果认定父母就是固执强势，那么这是对人不对事，沟通很难进行下去，这是暴力沟通。

非暴力沟通有四个关键点：首先，就事论事。例如父母和你说起对工作的看法，他们对你的工作提出了疑问，那么你就回应自己对这些问题的思考，或者坦白自己还在整理思绪。这就是就事论事。如果因为父母的提问戳中了你的痛处，于是你恼羞成怒："你们就不能给我一点自由！"或是认定这就是父母在干涉你，而回避问题、抱怨父母，这就是对人不对事。

其次，厘清感受和想法。委屈、羞愧、痛苦、难受等是感受性的词语，而"我觉得你应该……""我认为你这件事……"是对想法的表述。在第一章中，我们讨论过感受和想法的区别。在与父母沟通时，我们要厘清自己的感受和想法，也要区分父母的感受和想法。想法没有对与错，可以讨论和存疑，但是感受则需要我们去回应和安抚。

然后，体会表面背后的情感需求是否得到了满足。例如当你独自在外，父母打电话让你记得按时吃饭，多运动，表面上是想了解你的近况，背后没有言明的是对你的关心。因此，回应这份关心，表明自己会照顾好自己，并且也在挂念着他们，这才是完整的回应。父母常常隐藏自己的情感需求，需要我们在沟通的过程中去察觉和体会，并寻找情感层面的共鸣。

最后，提出具体的、明确的请求，而不是要求。"我很喜欢他，我希望得到你们的支持和祝福"与"你们必须尊重他，必须对他好一点"这两句话所达到的沟通效果是不同的。前者是发出请求，后者则是在提出要求。请求是委婉的，要求则是强硬的。请求时，对方是被尊重的，也是更愿意接受的。

第三，避免错误的沟通姿态。

沟通中有四种不利于沟通的姿态：指责型，时刻维护自己的权利，不接受来自任何人的借口和理由；取悦型，表面讨好，内心默默指责；超理智型，随时使用理性分析，不投入情感；回避型，绕开问题，转移注意力，自以为和平化解，实则留下隐患，例如不接电话，不回消息。正常、顺畅的沟通，需要我们表达里外一致的感受、期望和提出明确的请求。

第四，换一个场景沟通。

当我们在家里和父母沟通不顺畅时，我们不妨邀请父母到外面的咖啡馆、餐馆、公园等地方，选择一个能让大家心情平静的地方继续聊，避免回忆起相似情境下的负面情绪，也能减轻彼此之间的种种压力，最终收获一个和谐的结果。

第五，如果真的到了无法沟通的地步，那么暂且搁置，让时间来证明。

以我为例，我的父母对于我在外地工作这件事颇有微词。大多数时候，我们关于这个话题的对话难以继续。但是，当我在外地找到了属于自己的生存空间，发展了属于自己的事业，让自己的生活变得更好的时候，他们的担心和顾虑就减轻了许多。在这个过程中，我并没有说太多，只是让时间和行动来证明一切。

孩子"不听话"怎么办

经常听到成人之间称赞一个孩子时使用"听话的",如果孩子"不听话",就会成为父母的烦恼。生活中很多父母与孩子的关系是,父母对孩子发号施令,而孩子只需要服从指令。如果没有这么做,就是不听话。又或者说,只有孩子用行动取悦父母、讨好父母的时候,父母才会认为孩子是"听话懂事的孩子"。有的父母会说:"我想让孩子听话,并不是要控制他,是因为他太调皮了,不爱学习,总是玩。"这句话听上去是在指导孩子学习,其实是在转移话题。让孩子按照自己的时间安排学习或保持安静,这就是在控制。所以,当父母问出"孩子不听话怎么办"的问题时,他们其实已经和孩子陷入了"发号施令者"与"被动服从者"的关系。

孩子"不听话"的根本原因

父母不能控制孩子的时候,会感到焦虑。其实,其中的症结并不在孩子身上,而在于父母。

首先,这是父母强烈的掌控欲在作祟。

生活中有太多的事情不在我们的掌控中,小到明天的天气,大到事业前景，这些事情都让我们产生一种失控感，让我们感到焦虑，无法平静。这时，我们尤其希望这个从小就完全由我照料的孩子依旧是听话的，是生活这个方程式中一个恒定的参数。殊不知，这个孩子在婴儿阶段就不曾为我们所掌控。

蜗牛型的人成为父母后，比较容易对孩子产生这种掌控欲。蜗牛型的人总是把世界想象得很完美，以满足自己依赖的需求，但是他们依赖的那个对象不可能是完美的、恒久稳定的，这容易引起蜗牛型的人的焦虑和不安。蜗牛型的人倾向于想象自己的孩子是完美的，是按照自己的期待成长的，是乖巧听话的。如果孩子表现出的行为破坏了这个想象的完美程度，蜗牛型的人就会感到焦虑。例如孩子想要出去玩，但是蜗牛型的人希望孩子可以陪在自己身边。而内心害怕又焦虑的蜗牛型的人又无法直接表达："我需要你陪着我。"他们只会说："不许出去。"这种话语和相处模式，自然无法让孩子接受，反而会产生矛盾。所以，蜗牛型的人就会觉得孩子不听话，为此感到焦虑和难过。

其次，渴望掌控孩子的父母处于特别自恋的状态。

有些人是需要世界围着自己转的，但是世界偏偏没有这样，也不大可能遂他们的心愿，于是，他们就希望孩子可以围着自己转。孩子的听话，满足了父母的这种自恋的感觉。看上去，父母把全部身心都放在了孩子身上，实际上，他们只是在用孩子的反应满足自己。

鸵鸟型的人成为父母后，就会有这样的状态，为了维护自己的心理资本而要求孩子听话。一旦孩子不听话，他们的第一反应就是自恋损伤。在鸵鸟型的人的心里，有一个完美孩子的样子。他们一直在抚养那个想象中的完美孩子，潜意识里拒绝真实的孩子。当真实的孩子和想象中完美的孩子产生差异时，他们会有受到损伤的感觉。他们常常训斥孩子说："我的脸都让你丢光了！"

最后，父母缺乏管理自己情绪的能力。

很多人都缺乏管理情绪的能力，成为父母后，那些恐惧、愤怒、担忧等负面情绪依旧需要一个出口，或者需要一个人来帮助他们处理，于是孩子就承担了这个功能。他们把自己的情绪投射到孩子身上，分不清这是孩子的情绪还是自己的情绪。这样的父母很容易认为孩子不听话，然后一下子变得很暴躁或很焦虑。

袋鼠型的人在成为父母之后，比较容易陷入这样的境况，模糊了自己和孩子的边界，把自己的情绪转嫁给孩子，也把孩子的情绪转移到自己身上。因此，当感到孩子不听话时，袋鼠型的人会觉得自己特别委屈，并且往往以愤怒的方式表达出来，常常对孩子说："我都已经对你那么好了，我都已经做了这么多了，你却还是这个样子，你太让我失望了。"袋鼠型父母会认为这是自己对孩子的付出没得到应有的回报，委屈的感觉都是孩子造成的，并采取指责的方式回击。

因此，孩子不听话并不是孩子出现了问题，往往真实的情况是父母出现了问题。当我们感到孩子不听话的时候，可以通过以下方法自我调适。

父母的自我调适方法

第一，接受这是一件必然发生的事。

孩子不听话，是孩子成长过程中一个必然的经历。不管你愿不愿意，这都是一定会发生的事情。

每个儿童有两个自我成长的阶段：第一个阶段是七八岁的时候，儿童开始有了独立思考的能力，随着知识的不断增加，他们会有各种各样稀奇古怪的问题，会拿自己的父母和其他人比较，会维护自我，显著的表现就是不太听话。第二个阶段是在小学高年级和初中的时候，我们将这段时间称为"叛逆的青春期"。这个时期，很多孩子会尝试挑战权威，对规则提出疑问，变得不听话。如果一个孩子一直都特别乖巧听话，从不顶嘴，绝对服从，反而说明他的自我成长可能遇到了问题，并且他与父母之间的关系可能已经变成一种病态的关系。

总之，从各种层面上说，"孩子不听话"其实是一个伪命题。作为父母，我们应该接纳孩子的成长与独立，允许孩子成为一个与我们完全不同的个体，随时准备面对孩子的"不听话"。

第二，接受自己的失落感。

孩子长大后，开始有自己的主见，并且开始质疑父母说出的很多东西，甚至还要辩论的时候，父母难免会有一种失落感。这种感觉就如同孩子一定会长大一样，是父母必须面对和自我调适的。父母不能因为不想应对或者不知道如何应对这种失落感，而阻止孩子的成长。

当孩子开始与父母顶嘴时，对父母来说，孩子已经不仅仅是你的孩子，还是一个拥有独立人格的个体，父母要接受他开始成长为一个独立的、与你平等的个体。只有暴君才会要求他人的绝对服从。父母和孩子之间正确的关系模式应该是合作。当双方的关系不融洽的时候，孩子会觉得不舒服，父母也会觉得难过。孩子会通过不听话的方式，试探和寻找一个舒服的关系。父母也是一样，应该直面孩子的变化和自己的变化，一起寻找和建立一个更舒服的关系。

作为父母，我们不可能在孩子面前永远是正确的。被质疑、被挑战甚至被打败让我们难以接受，让我们倍感失落，是因为我们作为父母的权威受到了破坏。但是，优秀的父母从来不是因为有更大的权威，往往由于父母的权威过大，导致孩子不断地抗争，不断地想要离开。接受自己并不全能，接受自己也会做错事，接受自己做不到，接受自己的失落感，这是我们一直在努力的方向。在面对孩子时，这会产生令人惊奇的效果。

第三，承认孩子已经长大，看到积极的一面。

孩子不听话时，只有父母会感到难受。对孩子来说，这其实具有成长意义。因此，看到孩子行为背后积极的一面，会让我们更加理性、平和地对待这种情况。孩子长大了，有了自我，想要追求属于自己的成功，这是让父母感到欣慰的事情。孩子的反驳中有着他的思考，他的创造力，他的勇气和他的决心。

承认孩子长大了，有一些事情可以自己处理和解决，这样比担心他，不断地命令他、要求他要好得多。因为你的担心，就意味着在你眼里孩子是一个弱者，需要被你保护。你越担心、越把他看成小孩，他就越不愿意听你的话，越不会真正地长大。为孩子的每一个成长变化而庆祝，远比为孩子的每一个转变而担忧，更有利于孩子的身心健康。

第四，制定共同遵守的规则。

当这一切发生时，我们需要的是改变自己与孩子相处的方式，把孩子当成一个与自己平等的人来相处。如果有一天，作为父母，我们可以与孩子合作，就不会再在意孩子是否听话了。

有些孩子会说："如果你们要求我这样那样，你们也要做到这个样子才行。"孩子这么说，就是在主动释放信号，他希望改变自己与父母的相处模式，希望父母不再是一个单纯的发号施令者，而他也不再想做一个无条件的服从者。所以，父母和孩子不妨试试制定一个共同的规则，大家一起去遵守，关于学习的计划，关于游戏的时间，关于家务的安排，等等。

控制不住对孩子发火怎么办

当我们还是孩子的时候，我们会遇到对外对内两副面孔的父母，而当我们成为父母的时候，我们也可能会成为控制不住情绪而对孩子发火的父母。似乎对每一代人来说，情绪调控都是一个难题。关于两副面孔的情况，我们前文已经讨论过如何应对。在这里，我们分析一下如何不对孩子发火。

父母为何忍不住对孩子发火

经过总结，我们发现父母忍不住对孩子发火的背后有以下两个心理原因。

第一，源于内心深处无处安放的愧疚感。

发火，就是愤怒，父母对孩子的愤怒大多源自恼羞成怒。所谓恼，是面对发生的事情，心中产生了无力感、失控感，以及无法接受事实的哀伤感；所谓羞，是感觉这件事情太糟糕了，自己有可能被别人责怪，还有可能因为这件事情被别人嘲笑，再或者自己做了一件有可能损害别人利益的事情，心中产生了愧疚感。

例如，有的父母经常出差或在外地工作，每次从外面回来，看见孩子很开心，自己也特别高兴。但是在这个时候，父母常常会问，这次考试成绩怎么样呀？在学校表现如何呀？如果听到孩子说成绩下滑或者在学校被批评了，父母的情绪顿时就会从欣喜转变为愤怒。而这个体验让孩子感到不安，就像是坐了一次过山车，从高处跌落谷底。

父母此时的反应就是恼羞成怒，他们心里对于没能陪伴孩子成长感到愧疚。父母希望孩子一切都很顺利，长成他们期待的样子。如果孩子并没有如他们所愿，他们就会想，要是能够陪在孩子身边，亲自辅导孩子的学习，孩子的成绩就不会下降。但是他们又做不到，或者是过去没能做到，或者是现在还做不到，甚至是未来也做不到。那么父母的心中就会产生一种强烈的愧疚感，继而恼羞成怒。

从沟通心理学的角度说，世界上有两种感觉是最难处理的，即内疚感和愧疚感。父母在那一瞬间，就是被这样的情绪淹没了。他们觉得自己没有尽责，又没有能力去尽这个责任。这变成了父母的难处，而且是一种暂时无解的难处。但是情绪需要宣泄，于是父母就控制不住地对孩子发火。

第二，误将孩子作为自己情绪的承受者。

孩子并不是父母情绪的承受者，也不是父母宣泄情绪的工具。在某些极端情况下，父母将自己在其他地方受的气，转移到孩子身上。例如，在工作中没有得到应得的回报，被老板苛责，被客户不合理地对待，很是郁闷，回到家里，看到孩子把电视机的声音开得很大，于是火冒三丈。所以，我经常对我的来访者说，父母对你发火，可能并不是你做错了什么，你不需要为此而否定自己。

愤怒的情绪可以让人产生力量，而恼羞成怒的父母可以借由这种力量来抚平自己心中的那种无力感、失控感，所以有时并不是孩子做错了什么，而是父母不能很好地应对内心的冲突。

所以，当我们控制不住对孩子发火时，首先要去察觉，我们是不是恼羞成怒或者是否在迁怒。这是一件非常重要的事情。因为只有我们厘清了自己的感受和行为背后的真实原因，才能找到解决问题的办法。不知道这个逻辑的父母，在发火后往往想的并不是反思原因，而是把发火这件事合理化：都是孩子不好，需要管教。这其实是认知模式出了问题。具体到四种内在关系模式的人，对孩子发火的内在逻辑又有不同。

蜗牛型父母对孩子发火时，通常是感到无力的时候。对蜗牛型父母来说，孩子是安全的关系对象，孩子不会不爱父母，也不会轻易离开父母。于是蜗牛型父母对着孩子发火，一方面是因为这让他们获得力量感，另一方面是因为觉得很安全，不会因为发火而失去孩子。所以相对来说，蜗牛型父母最容易对孩子发火。

袋鼠型父母对孩子发火时，通常认为孩子没有认同和肯定自己。对袋鼠型父母来说，孩子的一切都是他们的，都是他们给予的，当孩子不承认这一点或者表现出不认同父母的价值时，袋鼠型父母就会恼羞成怒。

鸵鸟型父母会把孩子也视作获得心理资本的途径。所以当他们发现孩子没能满足自己的高期待时，他们就会对孩子发火。他们会对孩子说："你是我的小孩呀，你怎么才考了这么几分！"

斑鸠型父母面对孩子时，情绪隐藏得比较深，也更加自我。他们通常就事论事，不会有太多的情绪，很少对孩子生气。他们往往会站在相对客观的角度看待孩子，看待自己和孩子的关系，不会为孩子承担更多的责任。斑鸠型父母常常会说："孩子，现在我养你是我的责任，等你成人之后，你有你的生活，我有我的生活。"

正确消解自己的怒气

我从多个角度分析了父母对孩子发火的原因。下一步，我们需要做的是消解自己的怒气。

第一，谨记发火的目的不是惩罚，而是让孩子学会承担后果。

我看过一个很有趣的漫画——父亲在打儿子的屁股，一边打一边说："叫你不听话。"这时爷爷走过来，打起了自己的儿子。爷爷一边打一边说："叫你不听话，叫你打自己的孩子。"

这个漫画很好地诠释了那句话："我们对待世界的方式就是我们被世界对待的方式。"假如我们总是用惩罚的方式对待孩子，孩子长大之后，也会用这种方式对待他的孩子。孩子一边重复着父母的行为，一边觉得痛苦。

解决这个问题的关键在于，发火时需要谨记，发火的目的不是惩罚，而是让孩子学会承担后果。作为父母，我们首先要理解自己的行为，改变自己的认知，然后需要考虑惩罚的方式。否则孩子只会接收到惩罚和否定，长大后也只会在自己的孩子身上重复这个自己无法应对的惩罚和否定。

我有一个朋友，他的孩子总是弄坏玩具，于是他告诉孩子："我给你买的玩具，到了下个月的这一天，如果还是完好无损的，我就再给你买一件玩具。如果你弄坏或弄丢了，那么接下来两个月我都不会再给你买任何玩具。"比起板着脸批评孩子不珍惜玩具，朝他发火，这个方法的效果更显著。他让孩子知道了做错事或做坏事，是需要承担后果的。

父母意识到让孩子承担责任才是目的，不仅能够消解自己心中的怒气，也能够找到更好的处理方法。

第二，偶尔发火是可以的，切记表达情绪而不是单纯发泄。

愤怒是一种情绪，控制对孩子发火，并不是要求我们压抑自己的真实感受，而是选择合适的情境，保持理性，清晰地表达情绪，清楚地传递诉求。

当我们确实控制不住自己的情绪时，发火是可以的，不必太过自责。只是不能把孩子当成宣泄情绪的对象，对孩子使用暴力。毕竟，孩子在我们面前是弱小的，是无法反抗的，不要让自己的失控伤害了他。

第三，反思自己是不是过于依赖孩子。

在与孩子相处的过程中，思考一下，我们是不是正在过于依赖孩子给予我们的安全感，依赖孩子帮助我们消化不良的情绪，依赖孩子给予我们更多自恋的资本。我们希望孩子做得更好，是我们希望孩子本身变得更好，还是在照顾我们自己的情绪，满足自己的需要？

父母确实给予了孩子生命，但是孩子是一个拥有独立人格的个体，不论是否成年，我们都没有权利剥削他们，也没有立场要求他们为我们曾经的痛苦经历买单。

第四，不要陷入受害者模式。

我们常常看到这样的社会新闻，有些夫妻的关系不和谐，没有被伴侣很好对待的一方，或者因为冲突不断而心怀委屈和怨恨的一方，对待孩子时的脾气也特别糟糕。这些父母把情绪投射到孩子身上，把孩子当成伴侣的替身，潜意识里把孩子当成施害者，而自己则成了受害者。这种深层次的关系通常是自己无法察觉的，也是无法自我调整的，往往需要专业人士的帮助。如果在面对孩子时，依旧无法控制自己的怒火，依旧感到痛苦，那么可以考虑向专业人士求助。

如何培养有安全感的孩子

安全感是我们出生后便体验到的一种感觉，对我们的一生具有非常重要的价值。亲密关系建立在安全感的基础上。

从沟通心理学的角度看，一个人拥有安全感说明他在人际关系中得到了尊重，不会随意被伤害。而缺乏安全感的人，会被恐惧驱使，遇到什么事情，首先想到的就是不能被惩罚。没有足够的安全感，人就会变得特别自卑，觉得自己什么都不够好，做什么都要和别人比较，比较完又觉得自己不行。安全感还会影响人们对待世界的方式。一个人没有足够的安全感，他的内心深处对外部世界是带着恶意的，与外部的世界是对立关系，时刻都处于防御状态。安全感高的人对外部世界充满善意，认为他人是值得信任的，自己也是被爱着的，他们也会觉得世界是充满善意的。

安全感从何而来

安全感是在人生早期阶段逐渐获得的，主要有三个方面的来源。

一是母婴的依恋关系。

简单来说，人生第一份安全感是妈妈给予的。婴儿很脆弱，假如婴儿的需求能够被妈妈及时满足，婴儿就会觉得很安全。比如，婴儿饿了，如果妈妈不给他吃东西，他就会一直哭。如果妈妈在这个过程中的回应是积极的，他就会有安全感。长大了，这种安全感也会留在潜意识之中。反之，没有被好好对待的婴儿，长大后，潜意识之中会缺乏安全感。

二是客体的稳定。

当孩子分清自己是自己，妈妈是妈妈的时候，自己之外的妈妈就是一个客体。而客体的稳定，就是妈妈的稳定，即妈妈的情绪稳定和对孩子的积极状态。如果孩子睁开眼睛，看到的是妈妈的笑容，他就会觉得自己是被爱着的，就会产生安全感。反过来，如果看到的是冷漠的妈妈、愁容满面的妈妈，或是忽冷忽热的妈妈，孩子的心中就会觉得是自己伤害了妈妈，或者妈妈并不喜欢自己，这时孩子就会缺乏安全感。

三是双亲的和谐。

双亲的和谐，即父母之间的关系和谐。如果父母之间的关系一直是冲突的，一天到晚吵架甚至打架，一方面孩子会很害怕，不知道发生了什么事情；另一方面父母也会忽略孩子的存在和感受，孩子就会缺乏安全感。和谐的父母关系是相互滋养的，相互扶持的，相互理解的。不和谐的父母关系的冲突可能是明显的，也可能是不明显的。例如，父母对孩子的教育方式有很大的分歧，或者父母之间很少沟通，这也是一种冲突与不和谐。

现在很多成年人常说自己没有安全感，从专业的角度分析都是这三个方面的问题。有的来访者说他害怕独处，独处时觉得特别没有安全感，那么基本上可以判断是母婴关系出现了问题。他在独处时，潜意识里儿时的需求不被回应的场景被唤醒，恐惧感也随之而来，于是他就感觉很焦虑，很没有安全感。

不同内在关系模式的父母对孩子的潜在影响

可以说，安全感来自父母的教养。因此，不同内在关系模式的父母教养出来的孩子的安全感也大不相同。

蜗牛型的人，往往会培养出另一个蜗牛型的人。因为蜗牛型的人的安全感本身就不高，当他们成为父母后，传递给孩子的观念也是如此。他们把自己的不安投射到孩子身上，孩子长大后就变成了另一个没有安全感的蜗牛型的人。

袋鼠型的人很会照顾他人，当他们成为父母后，他们的孩子往往是很有安全感的。袋鼠型父母往往会培养出一只喜欢照顾他人的"小袋鼠"。"小袋鼠"长大后，独处时安全感挺高，但是在一段关系中，他们反倒没有安全感。这是因为袋鼠型的人总想照顾对方，万一对方不愿意被照顾，不让袋鼠型的人建立这种依赖关系，袋鼠型的人就会产生不安的感觉。

鸵鸟型父母养大的孩子，相对来说安全感比较高。这是因为鸵鸟型的人成为父母后，会给自己的孩子提供很多资源。不过需要注意的是，自我感觉太良好的鸵鸟型父母有可能会忽略孩子的一些感受，按照自己的意愿和想象来对待孩子。这时，孩子就会产生不安的感觉。

斑鸠型父母养大的孩子，也会比较有安全感。因为，斑鸠型的人本身就很尊重世界的规律，只要世界按照规律运行，他们就不容易产生不安的感觉。当他们成为父母后，他们也会把这个观念传递给自己的孩子。斑鸠型父母会告诉孩子，世界上没有永远的朋友，也没有永远的敌人，人与人只是在交换利益，所以只要让别人觉得有价值，就是一段非常安全的关系，没有什么好怕的。

培养孩子安全感的四种途径

作为父母，要想培养有安全感的孩子，可以从以下四个方面入手。

第一，母亲很重要。

在亲子教养中，父亲和母亲发挥着一样重要的作用，但是对于安全感的培养，更多依赖于母亲的给予。

以我自己为例，小时候，由于弟弟出生，妈妈没有办法再照顾我，就把我留在了奶奶家。也就是说，在我很依恋妈妈的时候，我们被强行分离了。于是，我心里就有了被抛弃的恐慌感，这件事一直影响着我。这与奶奶对我的态度和照顾方式无关，这是我和妈妈之间的连接出现了断裂。

类似的经历，可能很多人都会有，因为有了弟弟妹妹，妈妈把更多的精力放在更幼小的孩子身上；因为必须工作，妈妈把更多的注意力投入工作。并不是妈妈真的不再关注我们，而是我们还没有准备好，我们和妈妈之间还没有形成安全的连接。这种被抛弃的感觉，平时我们不会太在意，但是，进入一段关系后，尤其是亲密关系，有过这种经历的人就很容易担心对方会离开，有时潜意识还会告诉我们，就是因为自己不够好，对方才不愿意继续这段关系。

从专业的心理咨询的角度看，相对于成年后特殊事件造成的不安，幼年时期的不安处理起来特别困难，很多人会带着这种不安的感觉过完一生。

第二，在孩子出生时，就赋予他价值。

父母是否期待一个孩子的降生，决定了孩子是否觉得自己有最初的价值。并不是每一个孩子的出生都是在父母的计划或期待中的，如果父母还没有准备好养育一个孩子，很可能会嫌弃孩子。嫌弃的态度可能在孩子哭闹、表现不好时，传达给孩子："还不如当时不生下你。"也可能在平时的对话聊天中说："当初根本没有计划要他的。"也许父母并不是真的在表达嫌弃，只是一时生气，或者随口一说。但是对于经常被批评和否定的孩子来说，这会打击到他的安全感。

第三，给予孩子稳定的体验。

在孩子与父母的互动中，父母要给予孩子一个稳定的体验。换言之，在照顾孩子的过程中，父母要把孩子看得很重要，并且把这种感觉传递给孩子。如果孩子哭闹，第一时间停下手边的事情，蹲下来问问发生了什么，或者如他所愿抱抱他，这是建立安全感的方式。

第四，每次出现在孩子面前时，保持微笑。

当我们出现在孩子面前时，最好是微笑的表情。这是非常重要的。我们总是误以为，孩子还很小，很多事情不懂、不理解，事实上，孩子都是解读表情的专家，他们能从父母的表情中读到自己，读到父母对自己的爱，并从这些表情和反馈中体会世界是否安全。

　　培养一个有安全感的孩子，需要保持客体的稳定。每次面对孩子时，都保持真诚的微笑，是最简单易行的呈现稳定的方式。此外，客体的稳定，还包括父母的情绪是稳定的，不会忽冷忽热、喜怒不定，父母的关系应该是稳定，不会三天小吵两天大吵。孩子无法区分父母拌嘴是真的有矛盾，还是只是在玩闹。家庭结构应该稳定，父母不会没有预兆、没有规律地突然离开一段时间，不会经常搬家，等等。家庭中尽量避免意外事件和极端事件的发生，一旦发生及时安抚和回应孩子的感受。这样孩子就能从观察和体会中，感受到周围的环境是否稳定，并建立起内心的稳定感和安全感。

得体地应对亲戚的过度关心

同事安妮遇到了一件让她尴尬的事情。她平常在广州上班，春节坐了一天一夜的火车回家过年，亲戚知道她回来了，就想去她家里聚聚，聊聊天，看看她。对于聊天这件事，安妮有时会比较反感，原因是家里的七大姑八大姨总是问一些她不想回答的问题，比如："谈恋爱了吗？""对方家住哪里？""长什么样子？""做什么工作？""你一个月的工资是多少？""打算什么时候结婚？"有一年过年，碰巧安妮失恋了，心情很糟糕。当亲戚不厌其烦地又问起这些问题时，安妮心里很难受，不想再应付亲戚的关心，便径直离开，把自己关在房间里不出来。亲戚很尴尬。其实安妮从一开始就不想回答亲戚的问题，之前一直在忍，最后终于爆发了。不吐不快发展到最后，安妮拒绝见任何人，采取一种防御的状态。

如何应对过度关心

每个人可能都有过类似的经历。面对亲戚的过度关心，我们虽然心里很不情愿，但碍于面子，只好违心地迎合和回答亲戚的问题。面对这个情况，结合前文我们做过的梳理和分析，以下几种方法可以帮助我们在坚持自己底线的同时，不破坏气氛，避免让人尴尬、让父母为难。

第一，理解对方过度关心的动机。

关心原本是值得期待的行为，适度的关心让我们感到舒适，而过度的关心让我们感到痛苦。就像我们爱吃某种食物，在已经吃饱的情况下，朋友或家人让我们再多吃一点，而人在吃到撑时，身体只会排斥这种食物，甚至永久失去对它的兴趣。

每个行为背后都有其动机，发现动机后便能更好地应对。关心出于身为亲戚的身份和角色，但是过度关心，隐藏了他们更深层次的心理需求。例如，安妮的一位阿姨尤其关心她的恋爱情况，总是打听对方收入、家庭、房产等入侵边界的问题。这位阿姨有一个和安妮同龄的女儿，她一直把安妮和自己的女儿进行比较。所以，阿姨的过度关心，其实是出于攀比心理，她通过比较安妮和自己的女儿，寻找优越感。

了解了关心背后的心理动机后，我们就可以根据自己的感受选择如何应对了，既可以直接回答，也可以转移话题。

在思考对方的动机时，也可以运用四种内在关系模式。过度关心他人的亲戚，大多是袋鼠型和鸵鸟型。袋鼠型的人经常会模糊自己与他人之间的界限，他们过度关心是希望得到认可和感谢。

所以当我们不知道如何回答或者不想回答时，我们可以转移他们的注意力，请他们帮个小忙，从另一个角度满足他们，或者对他们的关心表示感谢就好。鸵鸟型的人一直在寻找获取心理资本的机会，所以他们的过度关心，目的是在与他人的比较中建立自己的优越感。面对这种情况，我们可以反客为主，询问他们的情况，称赞他们，避免自己成为他们获取心理资本的工具。

第二，维护自己的边界。

边界就像房间的大门，如果你不懂得维护，他人就可以肆意侵犯，即使你很恼怒也无计可施。他人的过度关心，让我们有一种隐私被窥视的感觉。这时我们要清楚自己的边界在哪里，及时地关上这扇大门，守好自己的边界。

那么，你的边界是什么？你要维护的东西有哪些？一旦别人入侵了你的边界，你要以怎样的姿态去应对，有效地维护自己的边界呢？就像你锁好了门，可以防止陌生人随意进入你的房间，但防不住小偷会撬锁。在这种情况下，我们能做的就是增加门的防盗系数，让他人很难进入我们的房间。

比如，当安妮被问："什么时候和男朋友结婚？"如果安妮想更好地维护自己的边界，可以说："我和男朋友还在相处，如果有了喜讯一定会告诉大家。"这样既回答了问题，又保护了自己的隐私。几次之后，亲戚就会意识到安妮是一个懂得维护人际边界的人，就不会再自讨没趣，一直追问安妮不想回答的问题。

有时，亲戚的过度关心让我们感到不适，也可能是我们被戳中了痛点。我们不清楚自己的边界，不知道如何维护，或者自己还没有整理好自己的想法。那么梳理好自己，就可以找到适合的方法应对让我们感到为难的情况了。

第三，温柔而坚定地拒绝。

任何人都有拒绝他人的权利，无论对方是谁。哪怕是我们的父母，我们也可以拒绝。

最有效果的拒绝是温柔而坚定的。温柔，就是不带攻击性。在拒绝他人时，人们可能会说出一些带有攻击性的话，例如："你怎么又来问我？烦死了，完全不考虑我的感受。"而温柔地拒绝可以这样说："你的行为已经影响到了我，希望你可以考虑一下我的感受。"坚定，就是用语言和行动坚定地捍卫自己的立场。不知道大家有没有过这样的经历，有人打探你的隐私，在你明确地表达了拒绝的情况下，对方依旧不放弃追问到底，甚至使用各种激将法、贬低法想逼你说出来。如果你也想证明自己并不是对方说的那样，就很容易进入对方的圈套。坚定地拒绝就是无论对方说了什么，做了什么，依旧不改变自己的立场。

还是以安妮为例，当亲戚询问安妮的工资收入时，安妮知道他们并不是想了解一个职业的收入情况，而是在入侵安妮的边界。安妮并不想回答，所以比较应付地回答："一般般，能够养活自己，但也存不下来钱。"但是亲戚并不放弃，于是使用激将法，说："一般般，就是不好呗，估计你爸妈补贴了不少吧。如果不是，为什么不直接说收入多少呢？又不是啥国家机密，也不是啥丢脸的事情。"这时，安妮可以温柔而坚定地回应："放心吧，我赚的钱真的够花，不用我爸妈的钱，也不用大家担心。"

温柔而坚定，一方面避免了气氛的尴尬，另一方面也表明了我们的态度。不妨在生活中时常练习一下。

第四，对于打着关心的幌子来打探我们的隐私，评价我们的人，不需要给任何面子。

当我们在外面遇到了困难，手足无措的时候，我们第一时间想到的肯定是家人、亲戚和朋友，特别渴望得到他们的支持和关心。但有时我们得到的不是支持和关心，而是评价。关心和评价是有区别的，关心是站在我们的角度为我们考虑，我们的感受应该是舒服的，备感关怀的；而评价讨论的是事情的对错，而不是我们的感受。在我们脆弱的时候，关心能够抚慰我们的伤痛，而评价往往只会伤害我们。

我有一位朋友，有一次舅妈来到她家做客，问她有没有找对象，对象做什么工作之类的。朋友回答："舅妈，如果您感兴趣，我把我所有的情况都报告给您，不过我们先来说说表弟的女朋友怎么样吧！作为表姐，我要多关心一下。"朋友说完，舅妈就连忙说："他有啥好说的呀，不提他了，我忙去了。"朋友之所以敢这样回答，是因为知道舅妈平时不是一个热心肠、关心人的人，而是一个非常喜欢评价别人、在别人身上寻找优越感的人。本来朋友和舅妈之间的互动就不多，有些话说了也无所谓。在亲戚眼中，朋友是一个不乖也不孝顺的熊孩子。但她不在意，比较坚持自我，也不想为了得到别人的夸奖而做违心的事。因此，亲戚在她那里总讨不了好。

面对打着关心的旗号来侵犯我们的隐私和边界的人，哪怕对方是亲戚，也要坚持自己，不要害怕发生冲突。每个人是独立自主、能自我负责的个体，无须依靠任何人。

第六章

化解亲密关系难题

如何获得异性的好感

我在大学做讲座时，有一位同学提出了这样的问题：他觉得自己长得不够帅，看起来不够吸引人，向喜欢的女生表白了两三次都被拒绝了。女生拒绝的理由是她对他没感觉，因此，他很想知道怎样才能赢得女生的好感。

我同学的女儿也遇到了类似的问题：她刚刚大学毕业，进入一家新公司后，对公司里的一位男同事有好感。这位男同事在她心里超帅、超酷。由于她自己的性格比较内敛，所以不敢向对方表白。

生活中，很多人都有类似的困惑，不知道如何获得喜欢的人的好感。在所有的人际关系中，亲密关系是大多数人都无法回避的，也是最让人手足无措的。与亲人之间的连接是稳定的，与朋友之间的连接是由默契指引的，与同事的关系是受到环境约束的，而与伴侣之间的亲密关系往往充满了变数，同时也最需要主动迈出第一步。如果我们没有勇气主动约别人，却渴望别人来约自己，陪伴自己，那么这不是在建立亲密关系，不是渴望爱对方，而是渴望被爱。这时的我们还没有处理好自己与自己的关系，请复习前文。

获得异性好感的策略

当你不会因为担忧挫折和失败而纠结犹豫，敢于在对方面前袒露自己，敢于走向对方的时候，那么接下来的几个策略，或许可以给你的行动增加一些成功的可能性。

第一，"烈女怕缠夫"。

这句话适用于男性和女性，高傲美艳的女孩、冷酷傲娇的男孩，都有可能被执着的人"搞定"。

执着带给人从一而终、可靠的感觉。我们都希望在亲密关系中获得这种感觉。面对一个执着地喜欢自己的人，人们很容易感觉到自己是对方生命中很重要的人。人们能通过这种感觉获得自我满足感和归属感，没有人不希望自己成为别人生命中重要的人。有关归属需求，我们在第三章已经讨论过。人们渴望在一段关系中受到肯定和重视，归属感越高，幸福感的体验越多。如果对方在你这里感受到的归属感较高，自然也会对你的好感增加。

当然"缠"是有限度的，同时不因为被拒绝而感到受伤，寻找机会展现自己对对方的重视，并且不侵扰对方的隐私和安全，才是合适的。入侵对方的边界，不仅不会成功，甚至会让对方感到厌烦。

第二，展现自身的良好特质。

我们要想获得一个人的喜爱，应该尽可能地展现出对方感兴趣的特质，这样可以引起对方的注意和好奇。进化心理学家研究发现，最吸引女生的异性特质，与"提供与保护资源"有关，如智慧、健康、有责任感、有执行力；而最吸引男生的异性特质，与"繁殖和教养儿童"有关，如健康、温柔、善良、年轻有活力。

每个人都有自己的优点和美好特质，能够吸引他人的并不一定是美好的外貌或雄厚的财富实力。投其所好，展示自己的良好特质，不仅可以吸引对方的注意力，还可以了解彼此的匹配程度。

第三，运用富兰克林效应。

1736 年，富兰克林在发表演讲时，有一位议员完全反对他的观点，于是这位议员也发表了一篇演讲，激烈地表达了批评。富兰克林很想争取这位议员的支持，他无意中打听到这位议员的家里正好有一套非常稀有的图书，于是十分恭敬地写了一封信，向议员借书，没想到他同意了。一个星期后，富兰克林在还书时郑重地表达了谢意。几天后再次见面时，这位议员主动与富兰克林打招呼（以前从来没有过），之后两个人的谈话很顺畅。最终，富兰克林争取到了这位议员的支持，他们化敌为友。心理学家进行了相关的研究，他们得出了一个结论：让别人喜欢你最好的方法不是去帮助他们，而是让他们来帮助你。并将这个效应称为"富兰克林效应"。

心理学的研究发现，男性的英雄情结与女性的母性光辉是人类的根本特质，每个人身上或多或少都会有一些。而帮助他人是激发英雄情结和母性光辉最好的方法。我告诉同学的女儿，去请那位同事帮一个小忙。比如下雨了，向对方借伞。她真的这样做了，后来有一次他遇到她，开玩笑地说："你今天是不是又没带伞。"从最初最简单的一借一还产生互动，慢慢地，互动会越来越多。

第四，在合适的时机，问对方或向对方透露一些比较私密的事情。

心理学家亚瑟·阿伦（Arthur Aron）创造了非常有趣的 36 个问题，经过试验发现，所有共同完成这 36 个问题的组合，都能相爱。这 36 个问题从浅到深，在提问、回答的过程中，两人的关系也会从疏远到亲近，到愿意表达自己内心深处的秘密。

如果你对一个人感兴趣，可以创造一个私密的环境，问一些较为私密的问题，或向对方透露一些比较私密的事情。当你向对方透露较为私密的事情时，对方会感到自己是被信任的。一方面被人信任的感觉很重要，另一方面人们会感到被当成了亲近的人。人们都喜欢被人信任的感觉，在这种情形下，对方对你的好感想不增加都难。

我有一位同学，他成功地获得了班花的芳心，就是因为两个人有一次聊天时，聊到了宠物。班花家里养狗，他小时候也养过狗。从养狗的趣事开始，两个人有了很多话题。随后，同学说到狗狗去世，他感到特别难过。这是他从来没有在其他同学面前提起的经历。班花感同身受，安慰他，还给他递了纸巾。那一刻，他们都感觉到彼此之间的关系亲近了不少。也是在那之后，班花对他的态度发生了很大的转变，最后，两人确定了恋爱关系。

第五，利用吊桥效应。

当我们走在吊桥上时，小心翼翼，精神紧张，肾上腺素增加，心跳加快，如果这时吊桥上出现一个异性，他的相貌并不是很出众，但刚好在我们的审美范围内，那么我们会把此时因为吊桥而产生的紧张感觉，错误地归因为见到对方。而这种紧张的感觉与对一个人心动的感觉很像，于是我们会误以为自己爱上了对方，对对方一见钟情。这个现象被称为"吊桥效应"。例如，我们和朋友聚餐，喝得酩酊大醉，如果这时有人醉酒壮胆，向你告白，你可能会因为酒精的作用而产生心跳加速、浑身发热的感觉，而误以为自己也喜欢对方，于是接受告白。

金庸的武侠小说《天龙八部》里有一个经典片段，段誉一直爱慕王语嫣，而王语嫣对段誉的印象也不错，但是一直没有接受段誉的感情。直到两个人一起掉进了深井里，两个人都很害怕，不知道接下来会发生什么，在特别紧张的情况下，两个人相互吐露真情。也是在那一刻，王语嫣真正觉得段誉就是自己需要的那个人。有时，患难见真情，以及英雄救美能让美人爱上英雄，其中也有吊桥效应的作用。

所以，当你准备告白时，不妨选择一个让对方能够心跳加速、略感紧张的环境，适当增加一些辅助。

尽管我们分享了很多策略，以帮助我们获得异性的好感，然而，事实上没有万能的技巧和套路。用真诚的心去对待你喜欢的人，那么，你喜欢的人，喜欢你的概率就会提高很多。情不知所起，一往而深，能够获得喜欢的人的青睐是美好的。如果未能走到一起，也请不必灰心，这并不会让我们损失什么。我们只有以一种平和的心态与对方相处，才会感受到真正的爱。

如何延长情感保质期

每个人刚谈恋爱时，感情浓度很高，与对方如胶似漆，一日不见如隔三秋。但随着时间的推移，两个人待在一起久了，其中一方会感觉到似乎对方不再是自己曾经认识的样子，甚至对对方感到了一丝厌恶，脑子里偶尔闪过这样的念头："我是不是已经不爱他了？"还有一些伴侣在度过甜蜜期后，开始产生矛盾，而后冲突不断积累，感情出现裂痕，甚至为了避免争吵而开始躲着对方。很多人把这种现象归结于：相爱容易相处难。殊不知，这并不是情感出现问题的原因，往往是不懂得维护情感导致的结果。

从"一日不见如隔三秋"到"相见不如怀念"，很多人在亲密关系中感到无力和无奈。增强情感保质期并不是一件容易办到的事情。因为在感情中，我们不仅常常陷入认知陷阱而不自知，而且并不了解爱情的本质。

一段感情中，几乎每个人都会陷入的认知陷阱，叫作"积极错觉"，也就是所谓的"情人眼里出西施"。常言道，"爱情是盲目的"，这种盲目让相爱的人只看到彼此的优点，看不到对方身上的缺点。我们透过"玫瑰色的眼镜"看自己所爱的人，会忽视他们的一些缺点。

荷兰格罗宁根大学的研究人员发现，为了消除疑虑，坚定自己的信心和保持一种安全感，相爱的人经常精心编织一个虚构的故事，放大伴侣的优点或者将缺点减至最少。通过积极错觉，相爱的人可以提高安全感，强化责任，同时忽视其他具有可选性、可替代现有伴侣的人，进而让恋情长期稳定。对伴侣的缺陷视而不见，让我们更容易对伴侣遭到的批评持保留态度，同时更容易拒绝其他追求者，放大对伴侣的渴望。积极错觉对于亲密关系的开始具有很重要的促进作用，但是对于情感的维系可能会起反作用。

进一步的研究发现，积极错觉在伴侣交往之初更为强烈，而且年轻人的积极错觉可能更为强烈。随着相处的增加，积极错觉的效应逐渐减弱，我们开始看到对方的缺点，这时就会有一种要不要继续的念头，情感也就出现了危机。

心理学家罗伯特·斯腾伯格（Robert Sternberg）给爱情下了一个定义，即"爱情 = 激情 + 承诺 + 亲密"。一段完整的爱情，只有包含激情、承诺和亲密，才能长久下去。

激情很好理解，就是荷尔蒙，特别想拥有对方的强烈诉求，大多属于生物性冲动。承诺是指两个人对这段情感有共同的目标，比如"我们一生一世在一起，天荒地老永不改变""山无棱，天地合，乃敢与君绝"。亲密是愿意与对方分享自己最私密的事情，呈现自己最脆弱的一面。只有值得信任的人，我们才敢于袒露自己；只有很亲密的人，我们才愿意分享私密的事情。

如何延长情感保质期

相爱之初，是充满激情的。但是激情的持续时间很短，如果我们想延长情感保质期，就需要从增加亲密和承诺这两个部分着手。具体来说，有以下几种方法。

第一，摘下滤镜，包容对方的每一面。

我们都是带着美好的想象去寻找另一半的，遇到了一个符合想象的人，恋爱的感觉便产生了。然后，我们特别渴望能够和对方待在一起。在互动相处中，双方都有各自不同的行为观点，摩擦产生，错觉回归现实，眼前的对象也越来越真实。

当双方的激情渐弱，对方的缺点就会更加突出，看到原本干净的对方，胡子拉碴、头发凌乱，看到梦中女（男）神坐在沙发上抠脚，看到对方吃零食时把碎屑撒了一地……可能只是很小的事情，也会让我们感到失落，对对方的情感浓度直线下降。

这时，我们的感受决定了情感能否维持下去。正如在"追求完美却陷入痛苦怎么办"一节中我们讨论过的，没有完美的客体，也不存在完美的伴侣。我们必定会与一个有缺点的人生活在一起。那么要想延长情感的保质期，接纳和包容就是我们要做的事情。

第二，寻找共同的兴趣、爱好、话题和活动。

两个陌生的人，可能因为共同的兴趣爱好走到一起，比如：一个搞艺术的和另一个做计算工程的或者一个是艺术类的和另一个是理工类的，看似专业毫不相关，但两个人都爱打球，业余时间也约着一起打球，久而久之就产生了好感。有共同兴趣爱好的人，感情更坚固。

社会心理学家研究发现，具有相似性的人更容易走到一起。例如，共同的成长背景，共同的工作经历，共同的价值观，共同的喜好，等等。这让两个人之间能够有一种天然的默契，也就是我们所说的缘分。发现并保持彼此的共同点，能够增进亲密感。

如果你们之间喜好和兴趣都不相同，也可以邀请对方与你一起寻找和尝试新的爱好和话题，一一试过之后，总会找到。即便暂时没有找到，愿意一起寻找共同爱好的想法也是你们的共同点，乐于尝试新事物也是一种共同点。

第三，成为彼此的习惯。

你是否想过，没有对方的生活会怎么样？会有哪些不习惯的地方？很多时候两个人都离不开对方，可能不是因为激情，也不是关系有多么亲密，更多的是一种习惯。习惯是一个很难改变，也很难养成的东西。

长时间在一起的两个人，慢慢地养成了彼此陪伴的习惯。因为习惯，你在对方生命中的重要性就会有所提升。所以，为了让情感保质期更久一点，去成为对方生命中独特的存在吧。爱情的排他性也会让这段感情更持久。

第四，尝试用短暂分离的方式唤醒彼此的依恋。

俗话说："小别胜新婚。"伴侣如果长期待在一起，几乎没有分离的经历，随着时间的推移，很容易产生疲劳感。简单重复的事情总会逐渐失去吸引力，让人产生倦怠感。这时，来一次短暂的分离，依恋对方的感觉就会被重新唤醒。这种依恋感会让两个人的关系变得更紧密。每天24小时在一起的伴侣更容易产生倦怠感，原因就在于他们没有经历过分离。

另外，除了距离上的分离，心理上我们也要给彼此一定的空间，并尊重对方的社交圈。只有这样，对方才会持续不断地对你产生好奇心，两个人也能保持更加平等和谐的关系。想象一下，当你聚会结束回家时，你和对方分享聚会中的趣事和感受，两人保持良好的沟通，这样的亲密关系就很稳固。

第五，拥有共同的小秘密。

共同的秘密让关系更亲密。拥有共同小秘密的伴侣比没有共同小秘密的伴侣，感情浓度更高。你愿意分享自己的秘密，代表对对方的信任，而知晓了对方的秘密，代表我们在对方心中是重要的人。有时，那些不为人知的经历，在与爱人倾诉后，得到爱人的安慰回应，是一种释放和自愈。或许这个秘密只是一件小事，但是知晓对方的秘密，也能够让双方更加了解彼此。而且，共同的秘密自然划出一道"我们"和"他们"之间的界限，这不仅增加亲密感，彼此保守秘密也成为一种承诺。

第六，建立生活中的仪式感。

没有仪式感的生活是单调无奇、了无生趣的。简单的仪式能激起感情的浪花，比如相识 100 天时，纪念一下；周年纪念日，搞一个仪式。有一个关于离婚率的调查发现，结婚仪式隆重的夫妻的离婚率比没有结婚仪式的夫妻的离婚率低得多。

在日常生活中，尽量制造一点小小的惊喜，这也是仪式感的一种。人天生对惊喜好奇。在一个不是任何节日的日子里，忽然给对方一份惊喜，或送对方一份心仪已久的礼物，或精心准备一场浪漫的烛光晚餐。这些小惊喜会促进两个人的情感浓度不断提高。

心理学家阿德勒认为，建立关系最好的方式是形成合作共同体，彼此对对方的性格特质等各方面给予足够的尊重，并积极地投入这段情感。延长情感亲密程度的保质期，关键在于两个人对这段感情的建设和用心投入，如果放手啥也不管，任凭感情自然发展，即使出了矛盾也任性地不去解决，那么再激烈的情感也会被耗尽。所以和你的爱人一起，行动起来吧。

伴侣不开心时该怎么说

在一次大学演讲的互动环节，有一位大四的男生问了我一个问题："女朋友不开心时，我应该说些什么？"

这个男生说自己谈过两次恋爱，但两次都以失败告终，原因是不知道女朋友生气时说什么、做什么，他怎么哄都哄不好，反而惹得她的怒气不断往上涨。

在第一段恋情里，他做了两件事惹得女友非常生气。第一次，他不小心把约会时间忘了，迟到了 10 分钟，女朋友气得脸都红了。他很不理解，不就是让她等了 10 分钟吗？第二次，他在街上夸赞其他女生漂亮，女朋友立即甩开他的手走了。这两次他都道歉了，可是女友不仅没消气，反而更生气。分手时，女友撂下一句话："你根本就不懂女生的心思。"

半年后，他开始了第二段恋情，新结交的女朋友心思非常细腻。有一次她向他倾诉了一个秘密，她在高中时，有一个非常要好的朋友，结果因为一个小误会，那个朋友再也没有理过她。她曾经尝试和这个朋友解释，但都失败了，她感到非常委屈和难过。看到女朋友流泪，他忍不住安慰（在他看来是安慰）道："这有什么难过的，不理就不理，反正你朋友那么多。"女朋友听后，哭得更厉害了，说："你都不理解我！"后来，双方闹了很大的矛盾，就分手了。

这位男同学感到非常苦恼，迷迷糊糊的，完全不知道自己错在哪里，他说："哄也不行，说也不行，分析也不行，难啊！"

来自父母的情绪处理方式

确实，当我们面对伴侣生气时，总是手足无措。因为一方面我们自己也没有很好的应对消极情绪的方法；另一方面我们不知道伴侣期待我们做什么。

回想一下，在你不开心的时候，是怎样应对的：压抑它，告诉自己这些不重要？忽视它，总是寻找新的事情转移注意力？厌恶它，训斥自己是一个懦夫，被这点小事绊住？通常，我们处理情绪的方式来自父母。我们会用曾经被父母对待的方式去对待自己的情绪。例如，在孩子难过时，有的父母会严厉地训斥和指责："不准哭，哭什么哭，你要学会坚强，不要哭。"有的父母会用各种方式阻止："别难过了，妈妈带你去游乐场 / 买新衣服。"有的父母则完全不管，依旧在忙自己的事情，任由孩子难过。有的父母手足无措，甚至会和孩子一起大哭。于是，孩子便学会了这样的方式。可是，孩子被这样对待时，往往并没有感到安慰，或是舒缓了情绪。所以，当长大后的我们使用这样的方式回应伴侣时，他们的感受就像小时候的我们一样，也难怪他们会更加生气、委屈甚至离开。

那么，伴侣在不开心的时候，希望得到怎样的对待呢？很多人会苦恼地说："他就是不说呀。"请暂时不要着急，这个问题同样可以问问自己，我们的答案其实就是这个问题的答案。我在接待咨询的过程中，收到最多的答案是：对方不一定要给我多少建议或说多少话，静静地陪伴，听我诉说就已足够。如果我还是没有办法抑制住悲伤的心情，那就给我一个大大的拥抱吧。

面对伴侣的不开心，我们是否有责任去应对呢？有的人会说，那是他的情绪，大家都是成年人，必须独立处理自己的事情。其实，在亲密关系中，我们会有两种相处模式，一种是对立的，另一种是合作的。对立的模式中习惯性地将彼此放在对立的两个立场，习惯性地去证明我是对的，你是错的，一旦对方做出不符合自己期待的事情，就认定对方不适合或是对方不爱自己。而在合作模式中，一方则愿意和另一方一起承担责任，互相滋养合作，愿意为了对方改变自己。当处于对立模式时，我们会觉得这段关系不是自己的，而是对方的，我在为你付出，把对方看作受益者，而我们就变成了受害者。其实亲密关系是我们自己的，只有意识到这一点，我们才会思考如何改善这段关系，如何做出妥协。如果"伴侣不开心"让你苦恼，你就是在认同这样的关系模式。只有认同这种合作的关系，接下来的几个应对绝招才会发挥作用。

如何解决伴侣情绪问题

第一招，抱持对方的情绪。

所谓情绪抱持是指，意识到每个人都有喜、怒、哀、乐、惊、恐、悲的情绪，这很正常。每个人的情绪都需要自己面对，任何人都没有能力代替。身为伴侣，我们不能替代对方的感受，也不能终止对方的感受。所有的情绪反应都是正常的，所有的情绪缓解都需要时间。因此，我们能做的就是抱持对方的情绪。

大多数人都会陷入这样的误区，看到伴侣很难过，自己很心疼，于是胡乱地做一些事情希望伴侣立刻不难过。这种做法是没有抱持情绪能力的表现。伴侣是我们最亲近的人，他们的情绪反应激发了我们的情绪反应。有时，我们想让对方停止不开心，只是希望能够缓解因此给自己带来的焦虑。而这是属于你的情绪，不是对方的情绪，你的情绪需要你抱持，不能要求对方来帮你缓解心疼。

所以，厘清情绪的主体，尊重情绪的主体很有必要。看到和承认伴侣的情绪，要比按照自己的方式终止他的情绪更重要。

第二招，尽量做到共情和自我暴露。

共情是感同身受的能力。尽管我们不能替代对方的情绪，却可以努力体会对方的感受，体会感受的强烈程度，体会感受的复杂内涵。方法是将自己代入对方的角色，基本原则是感受对方的悲伤，同时不加评判。就像小时候的我们感到悲伤时，看到父母关切的眼神，那一刻，我们感受到的是父母和自己在一起，父母在心疼我们，担心我们。伴侣需要的回应也是如此。

自我暴露的概念是，假设导致对方悲伤的事情发生在你身上，或者你遇到一些类似的事情，可能你处理得不一定会比他好或糟糕，但是你愿意与对方分享你那时的感受与体验，这种方式的效果能更加拉近你们之间的心理距离，进一步加深彼此的了解，从而让他更愿意靠近你。我们在伴侣面前，只是一个爱人，无法充当其他角色，所以我们不必万能，这并不会让对方不爱我们。

第三招，提供好的陪伴。

好的陪伴是这样的：静静地待在对方身边，及时地回应对方。我有一位女性朋友，她的人缘特别好。别人找她倾诉，一般情况下，她不会给出任何建议，只是说："我陪你坐一会儿吧。"

如果朋友哭，她就递纸巾，然后说："可能我做不了什么，但我可以在这儿陪你。"

也许很多人看到这儿会大呼："太简单了，真的有效吗？"试试就知道了。

很多人习惯向对方解释，陪伴者的解释只会让对方陷入更悲伤的情绪，只会把感受转移到观念上去，甚至发展到一发不可收拾的地步。

第四招，提供倾诉的环境。

在我的工作经验中，经常听到有些人在谈到某件事时非常愤怒，包括委屈和痛苦的经历。通常，我不会打断他们，因为他们需要不停地诉说，诉说本身就是很好的疗愈方式。

提供倾诉环境的关键是倾诉者需要受众，需要一个用心倾听他故事的人，并在恰当的时候给予回应。回应不是分析，不是评论，也不是做任何解释，当然也不只是闭嘴听着，需要有适当的交流。

在倾听的过程中，当你听到对方谈论一件事情有逻辑漏洞时，可能你很想和对方澄清。——不要这样做！忍住！你的澄清看似在帮助对方，实际上是在增强对方的反感。因为人在愤怒或悲伤的时候，多半是在表达情绪，没有逻辑可言。所以，倾诉的内容不只是语言，更多的可能是在宣泄情绪。情绪宣泄出来了，就不会积压在心里再次发酵，让对方产生压抑的感觉。

第五招，提供情绪或行动上的支持。

悲伤是一种诉求。这种诉求就是和另一个人产生连接，让另一个人知道自己很悲伤，同时给予他支持。这种支持会让他感到安全，感到没那么恐慌，感到被安慰了，被看到了。

很多悲伤的人会抱住自己、缩成一团。一个拥抱对对方来说就是行动上最大的支持。曾经有位朋友问我："惹老婆生气了怎么办？"很简单，只要不是原则性问题，老婆生气了，有小情绪了，不管三七二十一，拥抱她，亲她，告诉她你爱她。朋友怀疑地问我："真的吗？我去抱她，她把我甩开怎么办？"那你就坚持抱，紧紧地抱住她，看之后会发生什么。后来，他真的用了我教给他的方式，他老婆刚开始很生气，挣扎了几下，后来在紧紧的拥抱下放松下来。现在，他们的夫妻关系越来越好，矛盾也少了很多。

拥抱是温暖的疗愈。拥抱也传递给对方这样的信息：你对我很重要，我很看重和你之间的关系，很爱护你，很渴望和你在一起。如果没有合适的语言回应对方，那么行动也是一种好的回应。

如何才能越吵越爱

在我读初中的时候，学校里有这样两位老师，他们是一对夫妻，每周一都会手牵着手一起去买碗。同学告诉我，夫妻俩经常吵架，还会砸东西，但只要到了周一，他们就会和好。我在那所学校就读了两年多的时间，一共看见他们买过 11 只碗。前些日子，我参加初中的同学聚会，再次看到了那两位老师，还是那么喜欢吵架，可感情丝毫没有受到影响。

这对夫妻的情况告诉我们，吵架只是他们的一个日常沟通方式而已。虽然这个过程不太美好，但也是他们的选择。有时可能正因为人们对吵架有着不好的印象，以为吵架就一定会消耗感情，所以总想着忍一忍，别和对方吵起来，结果却越来越生气，最后通过其他方式表达愤怒，可能造成更坏的影响。

相较于压抑情绪不表达，或许直接吵一架会对我们本身和关系的发展有更大的好处。

然而在生活中，我们往往不能客观地看待吵架这件事。因为吵架的情境和言语触发了你我原有的经历，即和原有的经历重叠了。如果一个人的人格较为稳定，基本上没经历过什么挫折，经常受表扬，那么他的心态肯定会不错，他更容易客观地看待事情，属于安全型人格。如果一个人经常被父母批评，被别人瞧不起，不自信，那么当别人说他不好时，他重叠的印象是："我又挨批评了""我又犯错误了""他不喜欢我"。所以，当对方在吵架的过程中说出一些否定的话语时，这种类型的人第一反应是"你认为我不够好"，并且在心中产生"我不够好"的想法。也就是说，这些否定的话语与不良的经历重叠了。这种重叠是在无意识中自动产生的，我们大都有过不良的体验，于是，与伴侣吵架，往往让我们备感难过。

伴侣之间发生冲突，不是你不好，也不是他不好。只是你扣动了他的扳机（不良体验），他也扣动了你的扳机。冲突表明两个人需要沟通。我们需要理解对方的过去，知道他何以如此。对方也需要理解我们的过去，知道我们为何如此，这是有效的沟通。在争执过程中，嗓门越来越大，怒气越升越高，但是无视对方的需要，尽管两个人都在讲话，且讲了很多很多，也是无效的沟通。

为什么越吵越爱

吵架是一件你情我愿的事情，也是一件自然而然、必定发生的事情。如果我们理解了吵架的心理内涵，就不会排斥和厌恶吵架，就能够走向越吵越爱的结局。

首先，吵架的本质是伴侣在验证这段关系是否安全又稳定。

心理学中有一个"安全客体"的概念。举例来讲，当我们还是婴儿的时候，我们无法用语言来表达自己的情绪，也无法用语言来让对方满足我们的需要，这时我们可能会采用行为攻击的方式。譬如，我们会伸手打自己的妈妈，而一个好妈妈必要的功能是成为婴儿情绪的容器。在这里，妈妈的角色就是安全客体。妈妈会接纳这种攻击，先自己对其进行消化处理，再返回到婴儿身上。具体来讲，就是找出情绪的根源，给出它背后的答案，比如告诉婴儿，你这样打妈妈，妈妈会痛，或者满足婴儿的诉求。

长大以后，我们在亲密关系中同样需要这样一个安全客体，也就是可以接纳我们的情绪，能够进行消化处理，并把结果返还给我们的对象。在这里，我们在精神上需要的是如同婴儿时期那样的安全感，当我们处于一段安全的关系时，就会表现得像个孩子，希望对方能够像妈妈那样接纳自己，有时为了检验对方是否真的稳定，我们会像婴儿一样去攻击对方一下，看看是不是这样做了之后，对方就不再喜欢我们了。

其次，吵架表达的是需要强烈的关注。

有时，情绪不仅仅是情绪，还包含着相互对立的另一种情感。

侵略性对立的情感是渴望温柔和亲近。尤其伴侣之间的吵架并不是真的在发动攻击，而是在用一种激烈的方式引起对方的关注。

吵架是在表达渴望，渴望关注，渴望身体的接触。因为最强有力的沟通是身体的沟通，语言有时是苍白的。识别对方对立的情感，不管情绪表面的现象，这就是心理的妙处。当一个人非常愤怒的时候，他在表达的是什么？一方面是在用愤怒表达他的力量，另一方面是他觉得自己憋太久了，太委屈了，平时太弱了，心中压抑了太多的东西，感到自己被忽略了，不被尊重，所以用大幅度的肢体动作、高音量来表达自己。

一对夫妻，常常打架，冲突很激烈。但此时发起吵架信号的一方，其实真正需要的是对方的关心和关注。说白了，就是你给我的爱不够。

敢于争吵，说明这段关系处于相对安全的状态。吵架，可以让我们突破和释放自我，并且是一个宣泄情绪的好办法。

用吵架升级亲密关系

接下来，就是将吵架变成亲密关系升级的途径。其实这并不难，只要我们在吵架时，记得注意以下三件事。

第一，有事说事，不使用语言暴力。

在吵架的过程中，我们使用强烈的态度来澄清自己。有时为了表达自己的情绪和感受，我们常常借用道具、动作和高音量进行表达。结果是声音很大，气氛凝重，却没有准确表达自己的边界。这样的吵架只会越吵越气，越吵越达不到目的。

因此，吵架时需要说清楚，自己想做什么，自己不想做什么，或者自己觉得对方哪里做得不够好，自己很不高兴。常言道，对事不对人，吵架就应该这样。

吵架不是用语言暴力直接进行人身攻击，而是有事说事。要做到这一点，需要练习。具体来说，就是首先说明这件引发吵架的事，对自己产生的负面情绪影响；其次，说清楚自己希望对方做些什么。

当我们在吵架的过程中，只想单纯地发泄，指责、数落对方的错误的时候，自己感觉是很爽，但这其实是将对方放在了一个对立的立场。只是想证明自己的正确，或维护自己的感受和心理资本，而没有将对方放在合作的关系中。这时的吵架就是一种语言的暴力，不利于亲密关系的继续。

第二，设立停战机制。

这个停战机制是双方共同决定的一个信号，让对方知道你生气了，或者你现在不想吵了，或者你需要一个人待会儿。

我有一个朋友，他每晚都会帮另一半把牙膏挤好，这个牙膏还有另外一个作用，就是假如哪天他生气了，就不帮对方挤牙膏了。对方一看到牙膏没挤，就知道他生气了。

又譬如我认识的另一对夫妻，他们家里有一对玩偶，一方生气了，就把代表自己的那个玩偶的脑袋拧到背面去。吵完架情绪平缓了，即使暂时不想和对方讲话，或者对方暂时不想听自己讲话，起初生气的那一方也会把玩偶的脑袋转回来，这样另一方就能看到。

这样设定就避免了因为沟通不畅让家里的负能量与日俱增，直到矛盾升级到无法调和的阶段。

第三，面向未来寻求答案。

吵架的本质是一次激烈的争论，吵完了就该冷静下来，总结一下，调整一下彼此相处的模式。

每个人在吵架之后的调整是不同的。有的人自尊心比较强，虽然没有办法一下子彻底放弃自己坚持了这么多年的高自尊，不会直接做出什么承诺，但是会对对方表达一下他的反思，例如会假装若无其事地送对方一份礼物。那么另一方愉快地收下，不用去点破他送礼物的原因，这样他会很高兴，知道对方理解了他，也收到了他的信号。还有的人比较内敛，他的方式是放弃被动攻击，不再不接电话、不回应，反而悄悄地为对方做点事情，例如把明天要穿的衣服提前准备好，吃饭的时候多加一道对方喜欢的菜。这个信号并不明显，需要我们去观察，去发现。你是如此爱你的伴侣，你是如此了解他，一定会发现他的转变，也一定会找到让他领会你的转变的方式。

很多人在吵架后，会回避吵架的话题，担心再次引起对方的不良体验。其实，吵架后的复盘有利于沟通的进行以及关系的长期维系。吵架后，不要怕复盘。因为我们对于未来有着美好的期盼。

吵架时，一定要看对方言语外的肢体语言，看他内在的情感。只有我们能够读懂对方的情绪，读懂他内在的需要，两个人才会真正有默契，也才会越吵越爱。

向冷暴力说"不"

爆发式的争吵是比较常见的、容易被识别的攻击。除了爆发式争吵，在亲密关系中还存在一种隐藏式的、不易被察觉的攻击，我们将它称为"被动攻击"或"冷暴力"。

电影《无问西东》里许老师为了报恩和兑现承诺，被迫和刘淑芬结婚了。许老师对其他人都和善客气、满面春风，唯独对自己的妻子视而不见、冷若冰霜，内心十分排斥与妻子亲近，甚至鄙视妻子，想要离开。刘淑芬忍受不了这种可怕的冷暴力，于是吵、闹，像泼妇一样满院子追打他。即使如此，他既不还手也不还口。刘淑芬对丈夫说："我把你的杯子摔了，你宁可用自己的碗喝水，也不用我的，现在我把你的碗也摔了，你会用我的杯子喝水，我的碗吃饭吗？"丈夫的冷漠让刘淑芬觉得自己是这个世界上最糟糕的人，两个人近在咫尺却也远隔天涯。

这就是一种亲密关系中的冷暴力。有时，我们并不知道对方是在攻击，甚至很多人是戴着一个非常好的面具来攻击他人的。他们并没有凶神恶煞地告诉你："我要攻击你了"，而是让他人在相处中产生了那种"钝刀子割肉"的感觉。

大家有没有遇到过这样的人，你和对方约定好一件事，但是对方却总是在拖延。比如，说好一起去约会，但是对方总是以堵车为由迟到，但到了后对方还特别主动地承认错误说："对不起，我来晚了。"很多时候我们遇到这样的人，不知道该怎么办，也不好意思表达我们的不满。如果这个人经常性地这样对待你，那么你已经受到被动攻击了。

被动攻击，又称"隐形攻击"，就是一个人用消极的、恶劣的、隐蔽的方式发泄自己的情绪，以此来攻击令他不满意的人和事情。它不是一种直接的攻击方式，如责怪、抱怨、愤怒，甚至肢体的攻击，而更多的是一些隐秘的行为，如冷战、敷衍、不作为、不合作、不负责。我们经常说的"阳奉阴违"，就是冷暴力的一种方式。那些看似没有杀伤力的人，往往会有意想不到的攻击力。所以有时，你在和"好人""老实人"相处时，尽管他们做事非常完美，却会让你觉得很不舒服。这可能是你已经在被"被动攻击"了。

被动攻击这种行为在我们的生活中比比皆是，无论在亲密关系里，还是在职场关系中。在亲密关系中，被动攻击是特别伤人的，会让对方有一种被淹没的感觉，就好像整个人都陷进了沼泽里，想爬起来，可惜有力无处使，怎么爬都爬不起来。

在冷暴力中，无论我们做什么事情，都无法激起对方任何的回应，这剥夺了我们在关系中的存在感；由于不知道对方什么时候情绪会消除，也不知道什么时候能够得到回应，我们失去了通过努力就能缓和与对方的关系的掌控感；似乎我们做什么都不会被接受，这让我们失去了在关系中的价值感。而存在感、掌控感和价值感是支撑一个人的生命生存下去的三种重要体验。冷暴力则摧毁了它们，也摧毁了关系中的重要支持。所以，冷暴力对亲密关系的破坏力是非常大的。其实，冷暴力是对关系中承受一方的"惩罚"。

冷暴力的三个典型表现

第一种方式是拖延。

在人际关系中，我们经常会发现有这样的人：你和他约定好一件事，但他总是不兑现自己的承诺。有一位女性来访者对我说，她的丈夫对她特别好，每当她要丈夫送自己去哪里或者接自己下班时，他都会非常愉快地答应。然而，他次次都会莫名其妙地迟到，而且迟到的理由大都让她没有办法生气。

每次看到丈夫特别真诚地向她道歉，即使她感到很焦虑、很生气，也不好意思去责怪他。后来经过仔细讨论，我们发现当丈夫迟到后，实际上更多的时间或事态发展便会由丈夫来掌控，于是她便会产生失控感和焦虑感。

我问她："你在等他的时候，有什么样的感觉？"她说："我很愤怒，但是我只能把这种愤怒压在心里。虽然见到他时，我会说他两句，但看到他很真诚道歉的样子，我觉得责怪他是错误的，甚至会产生愧疚感。"

我又问她："你经常让你丈夫去接你，他就必须放下一些东西，放下他手头上的事情来满足你，他会为此拒绝你吗？"

她说："他好像从来没有拒绝过我。"

我说："如果他不愿意来接你，你会怎样对待他？"

其实很明显，丈夫表面上愉快地答应了妻子，实际是以迟到这种被动攻击的方式来表达自己的不满；同样，他也需要把自己那些不好的感受，比如委屈、愤怒等情绪压抑起来。

第二种方式是依赖。

成年后，我们所有的事都应该自己负责。如果我们总是依赖于身边的人，那么我们就会像一个没长大的孩子。

你会发现，当一个人特别依赖你，把所有的东西都扔在你身上的时候，你会感觉到像被卡住一样，特别是你的任何行为都没有满足对方的话，你会为此感到很愧疚。

有这样一位男士前来咨询，他是一个在自己的工作领域比较成功的人，有着自己的事业，既有才华又有风度。他的女朋友对他很是崇拜，也很是依赖。两个人刚在一起的时候，女朋友常常说："你就是我的一切，没有你我可怎么办呢。"这些话让这位男士很有成就感，觉得自己很强大。于是，他尽可能地满足女朋友的需求和求助，例如帮助她解决工作上的烦恼，与同事之间的不愉快，与朋友之间的矛盾，为她打理生活、换灯泡、修马桶、配钥匙、接送上下班，等等。他 24 小时待机，随叫随到。两个人相处得时间长了，女朋友变得一刻也离不开他，要是他加班晚归，或者没有及时回复女朋友的消息，就会被女朋友不停地打电话、发消息。现在两个人要谈婚论嫁了，原本他是很期待的，可是不知道为什么，看到女朋友一副离开自己就无法生活的样子，他开始感到愧疚，也感到恐惧。

在这里，这位男士就经受了女朋友的被动攻击，她在他面前，就像一个没有被满足的孩子，时刻告诉对方："我很弱，我需要你的保护，我的一切你都要负责。"对方接受了这种投射，也同时经受着一种攻击。当你无法满足她的时候，你会感到痛苦和纠结。而这种"无法满足"也是在这样的亲密关系中必然会发生的。

第三种方式是疾病。

被动攻击也可以通过疾病的方式表现出来。我有一位比较有意思的来访者，他与爱人是校园情侣，一起考研，一起考博。结果爱人顺利地得到了博士学位，并且留校任教。他则在研究生毕业后，博士考试几次失败，最后找了工作。两个人结婚后，爱人也一直督促他继续考试复习，在他表示自己放弃考博后，爱人则开始督促他在工作中要有好的表现，为他们的小家做更多的贡献。他也希望能够满足爱人的期待，但是身体总是会出现一些问题，免疫力大不如前。

其实，从心理学的某个角度讲，这位来访者的生病是可以获益的。一方面这样可以告诉爱人，不是我不做，是我的身体不允许；另一方面也在用自己的方式表达不满——"不要总是对我提出这么多的要求！"

有时，我们在无意中使用了冷暴力对待我们的伴侣。我们带着笑脸去迎合别人，但是内心其实是很抗拒这么做的。那么，我们要想象自己是否出现了隐形攻击的行为，并且问一下自己：我是不是一个勇敢的人？在人际关系中，我能否真诚地表达自己？使用隐形的冷暴力并不能征服对方，只会两败俱伤。如果在亲密关系中，对方有一些什么不满，你真的觉察到了，那么与其用"摔碗"、在角落里不理人或者狠狠地关门，故意忘掉一些事情，忽略一些东西，还不如直接说出来。

如何有效应对冷暴力

如果你被冷暴力"隐形攻击"了，那么你可以尝试用以下五种方式来拯救自己。

第一，你必须成为那个重新设定界限的人。

这是进行明确、坦诚、开放的交流的基础。你要弄清楚自己想要什么。对方和你在一起时，你想让他遵守哪些规则？接下来，你要坚定不移地坚持自己的底线。这种坚持很重要，因为它可以让你们的关系有所改变。

第二，你要直面他明显的谎言，与他对质。

因为坦诚地分享自己的个人经历是建立亲密关系的前提。

第三，你要弄清楚他模棱两可的语言表达的具体意思。

第四，你需要知道自己的感受，这样才能对他有清楚的了解。

让他知道你容忍的范围，在他对你的做法中，哪些你可以接受，哪些你无法接受。这样，你就能拥有更大的控制权，而不是被他利用。

第五，结束关系。

如果你尝试了所有方法都无法改变他，那么放弃，以减少你的损失。这正是被动攻击行为需要付出的高昂代价之一。

一段健康美好的亲密关系不是建立在对彼此的消耗和牺牲

上，正如《圆桌派》里北京公安大学的李玫瑾教授说的："如果真的爱，就应该是让对方感到舒服，而不是让对方感到勉强和心中委屈。"

建立舒服和有趣的亲密关系

在亲密关系的变故中，有一种叫作"七年之痒"。将伴侣之间的问题和危机用"痒"字表达，这个联想精准而生动。世界上有些感觉是很难忍也很难等的，痒就是其中之一。能够在痒的时候被另一个人理解，且能够在被共情的基础上给予直接并及时的满足，是非常舒服的。看看痒被解决后自己的表情就知道，怎一个"爽"字了得。

挠痒是个彼此配合的工作，一个能挠好痒的伴侣，是一个让人羡慕的伴侣。但能够及时准确抓到对方"痒点"是难度很高的。这取决于痒之人的准确表达，挠之人较强的理解力，以及非常耐心细致的专注力。

前文中我们讨论了如何开始一段亲密关系，怎样延长情感保质期，以及如何应对亲密关系中的冲突，预防隐患。现在我们要讨论一下如何解决我们的"痒"，并让我们维护好彼此滋养的亲密关系。

我有一个朋友，虽然他的事业在常人看来并不非常出色，但有一样是让很多男人羡慕的，那就是他有一位貌美如花的妻子，而且对他非常好。他的妻子看起来也是一个被滋养得很好的女人。她在聊天时曾表达，她的丈夫总能第一时间了解她的需要，即使每天和丈夫在一起，她也不会感觉闷。而丈夫对妻子的感觉是：妻子总能在第一时间找到他的笑点，这么多年来他讲笑话总能把妻子逗笑。哪怕在她不开心的时候，也是如此。在他刚追求妻子的时候，有人问他的妻子："你为什么喜欢他？"他的妻子回答道："因为他是个有趣的男人。"

舒服与有趣，便是滋养型关系的重要元素。

舒服的体验，就是瞌睡遇到枕头，饥饿拿到面包时被满足的体验。

被满足，首先是被看见需要。比如你想要一个香蕉，但对方却给你一车苹果，这样你不会有被满足的体会，且还徒增压力：感动的压力，识趣的压力，同时还要承受自我评判的压力。

舒服的体验，也是被理解与被接纳。比如我对你有怨恨，可以直接表达出来，不用担心自己会有被责怪、被抛弃的风险，也没有"被攻击"的风险。这是在安全和宽容的氛围下才能达到的。

舒服的体验，是一种自由自在的感觉。不被应该与否限制，也不会在一种责任下迫不得已。这也就是我常说的：心甘情愿地说"好"，温和而坚定地说"不"。

有趣的体验，是让我们感到愉悦，忍不住嘴角上扬的一种体验。

有趣的人，会让我们感受到最基本的存在感。比如一部有趣的电影会让我们当下非常开心，那一刻一定是被某个情景深深地击中了，是自己和某个角色同时存在。

有趣的人能够看见他人。比如当你一个人在哼歌的时候，你身边幽默的人会和你合唱。一个善于讲笑话的人，一定是能够捕捉到我们笑点的人。一个会讲故事的人，一定是能够了解我们心路历程的人。

所以让我们感到舒服而有趣的人和关系，是我们非常愿意保持和维系的。

如何判断舒服和有趣的关系

如何判断一段关系是否真的舒服且有趣，有以下四个标准可供参考。

第一，你能在对方面前打开自己。

每个人都有很多不同的面，在这些面中，可能有很多东西是我们自己都无法接受的。比如，你可能无法接受自己弱小，所以你就不会允许自己在关系中示弱；又如，你对被抛弃有很强烈的恐惧，那么你可能就不敢很坦荡地说出"我需要你"这样的话；等等。

如果关系中的对方包容度很高，也会主动和你沟通很多你回避的问题，那么在对方的影响下，你就会越来越敢于打开自己，敢于面对曾经回避的某些部分的自己。在关系中，你敢于表达的东西越多，你就会在关系中感到越自由、越舒适。

第二，你能在对方面前展现脆弱。

每个人都有脆弱的时刻，这些脆弱可能会在关系中呈现，也可能会在关系外呈现。比如，从小被忽略的孩子，长大后就特别害怕自己不被需要，如果在关系中体验到自己不被需要，可能就会变得愤怒。而愤怒，就是他在关系中呈现出来的脆弱。又如，在工作中，你遇到了艰难的事件处理不好，被领导大骂了一顿，这时你内心会有很多委屈和愤怒，感到自己很脆弱。这个脆弱，就是在亲密关系之外的呈现。

无论关系中，还是关系外，如果你都敢于在对方面前表现自己的脆弱，而他面对你的脆弱没有溜之大吉或者还以攻击，而是给你一个温暖的拥抱，那么这就意味着，他能够接得住你的脆弱，你也会因此而感受到自己被人深爱。人们总是误以为自己变得很优秀了，就会被人爱。恰恰相反，我们会因为优秀而互相吸引，但是我们只能是经由脆弱而感受到彼此相爱。因为唯有脆弱的时候，才是需要被他人接纳、支持和鼓励的时候。我们爱一个人，一定是因为看见了对方隐藏的脆弱和不堪，同理，如果你只见到了对方的光亮，看不见他的疼痛，那是吸引，不是爱。

第三，你能体验到他对你的欣赏。

好的亲密关系一定是建立在彼此欣赏的基础之上的。当一个人用发亮的星星眼望向你的时候，你会因为他的存在而体验到自己很好、很棒，体验到自己充满了魅力和自信。而轻视、鄙夷意味着"我对你不满""我对你的某些部分不接纳"，这会让被轻视的一方体验到自己不好、被嫌弃、被拒绝，而这些感受都是创伤感受。

亲密关系就是彼此塑造的一个过程，有的人在婚姻里越过越美，就说明他遇见了一个欣赏自己的另一半，而有的人在婚姻里越来越萎缩，则说明他运气差了点儿，碰见了一个有点儿鄙视自己的另一半。

第四，和他在一起，你能体验到自己在成长。

感受到自己在成长，就是你体验到内在世界变得越来越开阔，自己也变得越来越通达。当然，在这个过程中，你不是变得越来越讨厌自己，而是变得越来越喜欢自己，你可能会变得更加果断、直爽、善良、专注、优雅、有能力、有气度，而不是变得刻薄、庸俗、腹黑、计较、没格局、缺风度。

如何建立舒服和有趣的亲密关系

要想建立一段彼此滋养、舒服又有趣的关系，大家可以尝试以下三个小技巧。

第一，打破不合理的期待。

亲密关系的开始肯定是甜蜜的、充满幻想的，所以它会给我们带来很多不合理的期待。在不合理的期待中，我们会要求对方应该围绕自己转，弥补自己童年的缺失，成为自己完美照顾者的形式。但这都不是真实的。真实的关系是指一种彼此之间有互动、有情感连接、有价值交换的关系。所以，只有打破不合理的期待，看见真实，才能对关系做出调整。

第二，向对方提出诉求。

我们要学会向对方表达自己的需求和愿望。当然，所提出的诉求都是对方能力范围内的。沟通心理学告诉我们，有些话我们说出口，别人都不一定懂，更何况是我们没有说出口的。所以，我们要清晰勇敢地向伴侣说出自己的诉求。

永远把情绪、诉求藏在心里，只会把彼此的距离越拉越远，彼此都看不懂对方，还何来平衡关系和自我圆满？而且，告诉对方自己的诉求，其实也是给予了对方成全自己的机会。因为成全是相互的，你成全对方的同时，也是在成全自己。

第三，尝试扮演三种身份。

很多时候，由于对自身的不自信或怀疑，导致我们无法相信自己能够提供对方想要的东西，所以只能不停地否定对方的价值。这也会导致关系中的平衡被打破，引发双方的冲突。因此，一段好的亲密关系，需要彼此相互扮演三种角色，分别是玩伴、老师和分享者。

"玩伴"就是双方拥有共同的爱好，或者可以一起去完成一些事情。

"老师"就是当我们遇到问题无法解决时，对方可以提供不一样的角度或观点给我们。女性朋友很容易忽略这一点。她们往往意识不到，在和伴侣相处的过程中，如果自己能给到对方一些有价值的建议或意见，那么有助于增强彼此的关系。

"分享者"的真正含义，是做一个好的聆听者，能听到另一半内心真正想说的话，接纳对方的不安、沮丧或担心，甚至是对方的脆弱，并给予他所需要的支持和帮助。

总的来说，每段亲密关系的开始，都是源自需求。但它的维系，却是依赖关系双方的共同努力。愿我们都有被爱照亮的生命，愿你找到让你舒服而有趣的存在。

第七章

打破职场交往困局

忍不住想讨好别人怎么办

每个人都具有趋利避害的本能，讨好可以让人获得好处。但是，讨好的感觉并不好受，往往会让我们不舒服。于是，忍不住讨好他人反而成了我们在职场和生活中的烦恼。

讨好建立的关系是对立的，不是合作的，不包含爱。在对立关系中，会产生对对方的责怪、愤怒和恐惧。

讨好是一种受害者的状态。如果我们是受害者，那么当别人来伤害我们时，我们就会去讨好对方。我们要明白，讨好的背后，自己需要的是什么。一般来说，经常讨好别人肯定是有目的的。被我们讨好的人，有可能是某种特定类型的人。一般在职场中，我们会讨好对我们有利的人，可以让人依赖的人。在职场中，我们仅仅对一些特定的人或某些特定的利益进行讨好，我们不会觉得累。如果我们在职场中的所有情境或任何关系中都要去讨好，那么，我们就会觉得很累，很不公平，很委屈。

在讨好的同时，我们会体会到三种感觉：不公平感，被忽视感，被拒绝感。这三种感觉会让我们觉得自己很虚弱，也让我们无法获得优越感。最重要的是，当我们讨好一个人，却经常得不到回应时，我们就会失控，所以，很多人很害怕这种讨好别人的感觉，但又欲罢不能。

讨好的表现形式

一般来说，讨好有以下三种形式。

第一种，行为上的讨好。

所谓行为上的讨好，就是把自己放在一个低位，把对方放在高位。讨好可能不一定对对方有什么好处，但可能会变成我们的一种习惯。以前，我有个同事每天一早来到办公室，就开始问每一个人需要什么，他就去做。大家都觉得他特别能干，特别听话。

我当时不是很理解他为什么要这么做。后来才知道，其实他一直特别自卑，希望给别人提供一些价值。有一次，他看到我搬东西，就要过来帮我搬，我说："不需要的，我自己可以。"但是他还是要抢过去。这就是行为上的讨好。

第二种，形象上的讨好。

比如，有的人可能在每次出门之前，就想着怎样打扮自己，别人会怎么看自己。所以，他会在家里花很多时间思考、纠结。但是，当他发现没有人注意他时，他就很失落。一个人过分在意自己的形象，是因为他想通过形象，在关系中讨好他人。

第三种，冲突中的讨好。

比如袋鼠型的人，通过照顾别人成全自己的价值，所以，当别人需要他们时，即便他们不想做或者做不到，他们也不会拒绝。此时袋鼠型的人的内心是冲突的，他们并不想讨好别人，却又做不到拒绝。一边讨好，一边陷入挣扎，这就是冲突中的讨好。一般来说，会拒绝的人能更好地顾及自己的感受；而不会拒绝的人习惯在冲突中讨好对方。

如何避免职场中的讨好行为

对于在职场中因为讨好别人而感到心累的朋友，我想给出以下四点建议。

第一，在职场中，共同利益为上。

职场本身就是一个合作的环境，我们和他人也是一种合作关系。所以，其实不用想太多别人会怎么看待你，也不用过分在意自己的形象或行为会带来什么后果。在职场中，只要合作好，把事情做好，就可以了。

我们可以学习斑鸠型的人的心态，他们并不做没有收益的讨好，而是做为了获得利益的投入。比如，斑鸠型的人开了一家店，顾客过来他们会露出殷勤的笑脸，但转头马上就不笑了。因为，这些行为是"等价交换"的。事实上，斑鸠型的人很少去讨好他人，因为他们更多地考量利益交换问题，所以也就不需要讨好。因此，斑鸠型的人不会有忍不住讨好他人的困扰。

第二，试着随心。

在建立关系的过程中，有时我们不是对别人感兴趣，而是对别人对待我们的方式感兴趣。这种想法会让我们不愿意去与人建立关系，害怕别人会伤害我们。形成这个认知可能因为我们曾经受过伤，所以尝试用一种讨好或迎合别人的方式去对待别人。我们每次都用小心翼翼的讨好方式去对待别人，反而会激发对方的攻击。就像小时候的我们，哪怕再小心翼翼，如果父母想把某些情绪发泄到我们身上，这种讨好的状态会让他们更想这么做。这其实不是我们的错，是对方的错。但很可惜，一旦这种模式形成了，那么它在现实的人际关系中就会固定下来。要想改变这种情况，就要尝试展示真正完整的自己。

尤其是蜗牛型的人，他们在职场中特别担心别人会怎么看待自己，担心别人不和自己建立关系。这时我们可以试着随心。如果你以前是形象上的讨好，那么你可以试一下随心地穿衣服或素颜上班。于一些不太想回复的信息，可以尝试着简单回复，看看会发生什么。这时，也许有一些事情就不一样了。

第三，学会设立边界，试着拒绝别人。

无论你多么渴望被接纳，都不能用卑微或讨好的方式去相处，因为这不是一种平等的关系，尤其在职场上。比如，袋鼠型的人，在职场上会把事情都揽下来。其实可以试着拒绝一次，对对方说："我太忙了，这件事我做不了，抱歉，你自己来做吧。"

袋鼠型的人会为了获得自我价值的满足，做出一种讨好的姿态，实际上，这是一种控制。袋鼠型的人在合作中常说："这个可能有点儿难度，我先把它做好。"这隐含的意思就是这件事如果由你来做，有可能做不好，必须他做。看起来是为了照顾别人而把所有事情都包办了，其实这个举动本身就具有讨好的意味，即使同事的职位相对来说比他们低，他们也会做出这个讨好的举动。袋鼠型的人虽然表现出很谦虚的样子，实际上是为了控制，为了感到自己有价值。假如他们不这样做，他们会觉得自己没有价值。

与蜗牛型的人的恐惧不同，袋鼠型的人的讨好超越了边界，看不到他人的能力，同时当自己的工作没有被看到或得到相应的回报时，他们会产生更多抱怨，并为此感到痛苦。所以，拒绝别人，不论别人是否发出请求，是否胜任，告诉自己，要放手。

第四，不要把自己当成受害者。

我们一直生活在自己的舒适圈里，运用我们最舒适、最方便的方法去应对一切。曾经的感受和体验，慢慢地让我们越来越把自己当成受害者。当想改变的时候，我们实际上似乎只是在表达对自己的不满或愤怒。因为我们认为对方是加害者，所以我们没有迫切改变自己的愿望，而是更希望别人改变对待我们的方式，让我们更舒服一些。这就像一个孩子对于大人的期望，是我们内心的幻想。

改变不是把所有希望都寄托在他人对待我们的方式上，而是从自身去改变。不要再盯着别人看，你需要看向自己。只有这样，你才能从虚弱的状态里找到自己的发光点。然后你会发现，其实你拥有生存的能力，你不需要靠任何人，你有足够的底气和自信，你是可以尝试去和别人建立关系的，也不需要害怕别人会离开你或抛弃你。当你可以换个角度去看待问题时，你会发现自己和别人的相处模式已然发生改变。

他人可以与你合作共赢，你可以试着接受他人友好的支持，真实地与人互动，而不是游离其外。这样，你就会慢慢地与人发展出更真诚的合作关系。

与忙碌的领导高效沟通

在职场上，你遇到过这种情况吗？向忙碌的领导汇报工作，你很详细地说了一大堆，领导却说："你到底想说什么？"领导对时间的要求非常高，尤其是对那些事务繁忙的领导来说，时间成本比金钱成本、路程成本等其他成本都要高。所以，如何与忙碌的领导进行高效沟通，是值得我们思考的问题。

与领导沟通的心理策略

首先，我们要谨记时间成本的重要性。有一个核算时间成本的方法：用月收入（S）除以月工作时间，得出的数字就是单位小时的成本（P）。即 $S \div T = P$。计算后就会发现，在职场中，我们和领导之间的时间成本的差异。没有重点的沟通只会浪费彼此的时间，成为职场中的阻碍。

其次，疏解内心的紧张。对有的人来说，在领导、老师或长辈面前，阐述自己的想法并不是一件轻松的事情。如果你也有同感，请重新翻看前面的章节，例如"理解自己的感受""突破自我设限""走出自我否定的旋涡""追求完美却陷入痛苦怎么办"等小节的内容，或许可以帮助你厘清内心的冲突与想法。我们对权威者的恐惧来自我们的自我否定和追求完美，来自我们无法很好地应对他人的评价。与领导的沟通，只是一次沟通，是否成功也只代表这一次的沟通结果，与我们的自我价值无关。

只有不断地调整自己，改进策略，才能成功。一次又一次地逐渐达成自己的目标，可以累积我们的信心，疏解内心的紧张。心理学的研究发现，自信、自负和自卑的区别，其实就是自我效能感的强弱。自我效能感，是指个体对自己是否有能力完成某一任务所进行的推测和判断。一个人在不同领域中的自我效能感是不同的，也就是说，一个人可能在理工领域是自信的，而在外语口语表达方面却是自负或自卑的。我们可能有很好的专业技能，但是在语言表达方面是自卑的。只有不断地累积成功的经验，才能提升自我效能感。所以，认可自我，敢于表达。如果你实在感到紧张，如心跳加速、呼吸急促、忍不住地发抖，那么可以深呼吸三次，然后将双手攥成拳头，用力攥到最紧，在保持三秒后松开。这样能够快速将心跳和呼吸调整到一个平稳的状态。

当我们站在领导面前表达我们的想法时，以下五个小策略能够使沟通更有效，或许还可以让领导对你刮目相看。

如何让领导刮目相看

第一，说话简洁明了，不说无用的信息。

小王是一家网络公司的管理人员，他和领导的沟通非常简明扼要，再重要的事情也不会超过 10 分钟，没有一句话是多余的。同时，小王汇报工作的过程非常清晰。举一个很简单的例子，有一次领导出差，让小王帮忙订一张机票。小王订好机票后，他是这样向领导汇报的："机票已经订好了。前往目的地的城市温度是 ×℃，有点儿低，可能要带一件衣服。行程已经交代给司机了，× 点从机场出发，× 点飞机落地，接机人的手机号码是……"

领导一看，小王不仅迅速地把事情完成了，还细心周到地把没有交代的事情办得妥妥当当，一条无用的信息都没有，对他的工作能力自然非常认可。

小李是小王的同事，面对和小王同样的任务，他是这样沟通的：先向领导表达机票难买，自己尽量订；然后向领导反映没有合适的航班，自己一直在花时间反复挑选出发时间和航空公司，还把自己在订机票过程中经历的情绪波动完整地向领导叙述了一遍。

如果你是领导，你会作何反应？显然会不耐烦。

尽管小李的汇报也很详细，但是汇报的这些信息与领导没有丝毫关系。直白地讲，领导只在意你有没有帮他订到机票。同时，小李向领导汇报的过程很像是在邀功，隐含的意思是："没有功劳也有苦劳，没有苦劳也有疲劳。领导，你看，我多不容易啊。"这可能是小李的内心有一种被看到和被认可的需求。然而身为下属，有一点需要清醒地意识到：领导不是幼儿园阿姨，也不是我们的父母，他没有义务在意你办事的过程中经历的种种感受，而更在意事情的结果。

第二，善用 8 分钟规律。

大量的心理学研究表明，当我们看视频、听音乐或者和别人沟通时，专注力最多维持 8 分钟。如果超过 8 分钟我们还不能被吸引，那么我们的注意力就会转移到别的地方。美国很多电影导演一直参照这个规则，会在电影的前 10 分钟通过设置悬念、独特的画面、戏剧冲突等方式吸引观众。也有人调侃，如果一个电影前 10 分钟的情节还不能引起你的兴趣，那么你也不需要继续观看了。

所以，我们和领导沟通、表达诉求时，应该尽量在 8 分钟内完成。把重要的内容放在前 8 分钟讲，因为 8 分钟之后的沟通效果就会大打折扣。

第三，提前做好准备。

在和领导沟通前，我们需要做些准备，最好准备两套方案，有计划 A 和计划 B，以免出现突发情况。

比如，我们要向领导汇报工作，可以先询问一下领导大概有多长时间的空闲。就像我的助理很多时候向我汇报工作，基本上在 5 分钟内全部完成。有时，她想和我聊点工作之外的事情，就会先问我："胡老师，您接下来有没有其他安排？如果没有，我想和您聊一聊其他事情。如果您有其他安排，我们改天再聊。"如果我有时间，我会说："我们聊个 10 分钟或 20 分钟，够不够？"助理的询问是对我的时间的尊重，而我的回答是对她的时间的尊重。

因此，沟通前要做好两手准备，计划 A 和计划 B。领导的空闲时间长，是一个计划；领导的空闲时间短，是另一个计划。这样沟通起来，才不会慌乱。

第四，沟通内容结构化。

在沟通的时候，可以列出条目。比如，第一件事情是怎样的，第二件事情是怎样的，第三件事情是怎样的。将沟通内容结构化，能够使我们的表达变得条理清晰，领导也能立即明白你想表达什么、表达的观点是什么，以及接下来的内容还有多少。

就像我们看文章，如果这篇文章条理清晰，有结构式的表达，我们就不需要花太多的时间重新寻找需要的信息。因为作者已经将信息用最直接的方式呈现给我们了。在这本书中，我也努力让每个主题的内容结构化，方便大家快速地找到自己需要的内容。

同样的道理，和领导沟通时，结构化的沟通也能替忙碌的领导节省很多时间。所以，事先预演和练习，不断地令沟通的内容清晰、简明，不仅可以提高沟通的有效性，也会提升我们对于沟通的信心，在表述的时候更加流畅、从容。

第五，直接表达我们的需求。

如果我们想和领导表达某个诉求，如加薪、升职、转岗等，直接说出来的方法可能更好。大多数人在表达诉求时，容易犯一个普遍性错误，就是在提出需求前，自己内心会有很多心理活动，也很在意在自己表达后领导会怎样看待自己。

其实，内心活动是很私人化的，虽然你这样想或者你以为领导是这样想的，但这些都不代表领导真正的想法。你不是领导，你怎么知道领导真正想的是什么？ 在心理学上，我们把这种现象称为"投射"。通俗一点的解释就是，你把你的想法投射到领导身上，认为这就是领导的想法。事实上，作为领导，他没有太多的时间去关注你的情绪。除非领导真的和你非常亲近，而一般的领导，特别是办事效率比较高、比较忙碌的领导，他更多的是保持一种理智，很少把个人的情感或情绪带到工作中来。

还是那句话，直接表达需求更好，而且尽量做到简单明了，不要做过多的修饰，让领导听得云里雾里。表达诉求不明确，等于把领导当成一个不近人情、很难沟通的人，领导会感觉像是自己被人莫名其妙地泼了一盆脏水。因此，想和一个高效、忙碌的领导保持良好的沟通，一定要记住这个思路：什么时候、遇到什么问题、我做了什么、需要别人做什么。

化解职场中的暴力沟通

在人际关系中，不管在家庭还是职场，沟通都非常重要。但很多时候，我们的沟通并不是真正有效的沟通。

沟通，一个简单的词语却包含了很多学问。很多人认为，两个人经常说话就是在沟通，误以为擅长语言表达的人，就是擅长沟通的人。其实在沟通中，语言的部分只占到沟通内容的30%，其余部分是我们忽视的表情、肢体语言、情境等。

擅长表达并不等于有效沟通。例如辩论赛中的选手，很擅长表达，尤其擅长寻找各种论据，说明某个观点和话题。然而，听到辩论选手的辩论，人们往往并不会感到舒服，反而感到对方在偷换概念，运用各种技巧和漏洞在欺压自己，虽然表达很精彩，但是只让人们更加想要去争论。这其实就是暴力沟通，也是无效的沟通。

在职场中，人与人之间是合作关系。因此，沟通并不是要证明自己的方案正确，也不是让对方承认失败，而是达成一致，共同获得收益。

职场中的暴力沟通类型

一般而言，职场中的暴力沟通有以下三种类型。

第一种，发泄式暴力沟通。

假如在沟通过程中你受到很多委屈，那么你可能会带着情绪，这时的沟通可能变成发泄情绪。而另一方也想表达自己不是伤害你的人或者你的委屈不是他的责任，开始争辩，这时，两个人的沟通就变成了自说自话。最终，问题就像皮球一样被扔来扔去，变成推卸责任。

例如，A 在工作中比较马虎，使得与他进行工作对接的 B 需要增加很多校对核准的工作，这导致两个人的工作效率大大降低。于是 B 找到 A 说 A 的工作不认真，因此增加了自己的工作量，耽误了很多事情，委屈又烦躁。于是 A 辩解说，最近自己被增派了很多工作，都是很着急的，自己压力很大，甚至开始哭了起来。结果两个人各自说着自己的难处，甚至情绪越说越激动……可结果并没有什么改变，本应精诚合作的两个人反而心生嫌隙。

第二种，控制式暴力沟通。

我们所说的控制对方有两种类型：一种叫作硬性控制，明确地对对方说："你应该……"，类似于下达指令；另一种控制方式是软性的或隐形的控制方式，旨在激发对方不舒服的体会，比如用引起对方愧疚或内疚的感觉来控制对方，最终目的就是让对方听自己的，按照自己的方式行事。

在这种沟通方式下，两个人在沟通中的地位是不平等的，很容易变成控制与被控制的关系。被控制的一方感觉会很糟糕，因为他没有其他选择的余地，只能接受或拒绝。这种沟通方式让被控制的一方很难过，通常出现在强势和弱势的两个人之间。

第三种，指责式暴力沟通。

指责对方，证明自己是对的，对方是错的，为此指责方还会列出很多的例子加以佐证，然而这个时候列的例子，必然带着主观性。我们通常不会承认自己的错误，很多人也没有办法接受自己的错误。因为在我们的成长经历中，如果错了，可能会受到很严厉的惩罚。所以大多数情况下，我们会说错的都是别人。

例如工作中出现了问题，首先想到的是同事们不负责任，都是同事没有做好，于是指责他人。而其他人也有同样的想法，也会指责我们。这种相互指责的沟通方式，也属于暴力沟通。

这三种暴力沟通方式都是在我们身边经常发生的，不管双方的角色是怎么样的，都有可能发生。在职场中，这种沟通方式对沟通的双方都不好，如果经常这样做而没有意识到问题的存在，会导致关系破裂，甚至让我们想要逃离这个工作环境。

化解职场中暴力沟通的四种方法

面对以上三种常见的暴力沟通方式，应该如何化解呢？

第一，放下防御，看到对方的需求。

例如，在第一种沟通方式中，如果对方在发泄情绪，那么我们要尽力保持冷静，放下自己的防御，尝试着关注对方的情绪，与他的情绪产生关联。先忽略字面的意思，看到情绪，这种发泄情绪的情形可能就会停下来。你可以对对方说："先坐下，喝杯咖啡，我知道这件事让你很抓狂。"

如果对方在沟通中，一心想做的只是控制，也许在这个过程中，你给予回应就可以了。如果你的任何语言和行为都不能改变这种情形，就温柔地拒绝，不合作。

如果在沟通过程中，对方一直在指责你，力图证明自己是对的，不要和他产生任何争辩，只是静静地听着。也不要认同他的指责，一个巴掌拍不响，场面冷却之后，真正的问题才能浮现。

如果我们被对方的暴力沟通状态影响，开始否认对方的情绪，陷入自己的情绪，并且开始讨好或指责对方，就无法看到真正的需求，并且被对方的暴力沟通击中。所以放下防御，把问题的解决放在第一位。

第二，温柔暖和的沟通方式永远比冷冰冰、不带感情的沟通方式更能被人们接受。

法国作家让·德·拉·封丹（Jean de la Fontaine）写过一个寓言：北风和南风比赛，看谁能把行人身上的大衣脱掉。北风首先鼓劲吹出了一股冰冷刺骨的风，结果并没有刮走行人身上的大衣，行人为了抵抗北风的寒冷，反而把大衣裹得更紧了。南风则选择慢慢吹出柔和、温暖的热风，行人觉得很暖和，慢慢地开始出汗，结果行人解开了纽扣，并把大衣脱掉了。结果很明显，南风获得了胜利。温暖柔和的南风比寒冷刺骨的北风，更容易让人们脱掉衣服。这被称为"南风效应"，又称"南风法则"或"温暖法则"。也就是说，温柔暖和的沟通方式永远比冷冰冰、不带感情的沟通方式更能被人们接受。

这个法则在职场中十分适用。我们使用"南风"的沟通方式更容易让对方接受我们的提议，同时还有效地避免了有可能产生的冲突和矛盾。

我们可以进行一个简单的对比。

"你怎么这么多意见？你就按我说的做就可以了！"——强硬的态度可能会强迫对方按照我们的想法去做，但对方内心肯定是不认同的，还很有可能不会尽心尽力去完成我们所安排的事。

"你的想法挺好的，但我觉得还有改进的地方，我说一下，你参考参考?"——如果有想让对方修改的地方,我们可以先肯定他们的付出和用心,再用一些较为温和的词句表达我们想要修改的地方。这样不仅能让对方觉得自己的付出被认可了,还会更容易接受我们的建议。

第三,重新定义我们在关系中的定位,就事论事。

沟通是两个人之间发生的事情,在开始沟通前,不要预设自己的角色,例如预设自己是受害者,而对方是加害者。这样的关系不会对等,而且人们会因此产生各种联想,引发各种防御机制的开启。

在职场上,我们与同事之间最多的交流内容,最重要的交流内容是工作。我们不是在博弈,也不是去建立亲密关系。所以,使用非暴力沟通的方式(详见第五章,"和父母想法不同如何沟通"),对事不对人,就事论事。打破自己与同事交流时追求完美的期待,把沟通的目标调整为一次有效的沟通,而不是一次被认同。

第四,记住15条职场生存规则。

真正有效的沟通建立在双方人格独立、平等、有自尊的基础上。要化解职场中的暴力沟通,需要牢记以下15条职场生存规则。

1.职场是一个需要合作的环境，但从本质上讲，职场是一个重视利益的地方，它不需要我们掺杂太多个人感情。

2.职场上不需要谈太多私人感情。喜欢和讨厌，都只是这个人的某些行事方式带给你的感受而已。

3.什么是合作？合作就是两个人互相肯定对方的价值，进行资源交换。

4.信任是一种能力。所谓信任，就是看到人性的脆弱，依然相信他人的为人处世原则。

5.人与人之间的相处，需要的不是同情，而是理解和支持。

6.在人际关系中，记住有关对方的信息越多，对方越能感觉到被重视，那么你被接纳的程度就会越高。

7.沟通中切忌没必要的猜测，不要用自己的想象去扩充事情本身。

8.在交流沟通的过程中，要不断强调彼此的合作关系。

9.依赖别人的人，因为害怕别人不与他建立关系，所以他们不敢轻易拒绝职场上别人甩来的黑锅。

10.任何关系都有交换原则，如果没有资源价值，就只能牺牲自己。

11.好的社交关系是什么样的？首先是平等或对等的，而不是我高你低，并以此获得优越感。

12. 人与人之间的关系，是相互的。从某种程度上讲，别人怎样对你是你自己造成的。

13. 所谓大度，就是懂得沟通。能懂自己说什么，要什么或者不要什么。

14. 群体暴力不会因为你的忍让而停止，相反可能会更加剧烈。

15. 从职业素质和职业精神的角度讲，职场如战场，对于领导的指令，首先应该是服从。

如何拒绝同事的不合理要求

如何拒绝同事的不合理要求，这个问题其实很有趣。

我们来做一个思考：假如在战场上，统帅下达了一个命令，士兵会不会先思考一下，这个命令对自己来说是否合理，然后去执行？职场上，每个人都会站在自己的角度判断一个要求是否合理。但是从职业素养和职业精神的角度讲，职场如战场，对于领导的指令，下属首先应该服从。但是对于同事的要求，我们可能会比较为难。所以，我们需要重点学习的是，面对同事提出的不合理要求，怎么温柔而坚定地说"不"。

为什么要学会拒绝

在前文中，"得体地拒绝他人"的一节讨论了无法拒绝的心理动因。在职场中，不会拒绝的原因也是如此：我们担心拒绝会破坏关系，不能承受拒绝后的羞耻感和愧疚感，模糊了自己与他人之间的边界，误用自己的感受来替代他人的感受。

说到底，无法开口拒绝同事的要求，这个问题的本质不是事情本身很不合理，更多的时候，是我们无法承受拒绝别人后自己心里的感受。当同事对你提出要求时，那只是一个要求，他不会考虑这个要求对你来说是否合理。所谓合理或不合理，其实来自你自己的判断。这个判断，往往与要求本身无关，而是与你接受或拒绝后的心情有关。所以，如果你期待对方是一个能对你提出合理要求的人，这说明你对别人的期待太高了，也表示你可能处于一个不太舒适的关系中。

一个融洽的人际关系是可以滋养你的，所以"拒绝"能与一些消耗你的关系做一个断舍离。那些因为你的拒绝而把你当成陌生人，或者处处针对你的同事，是他们出了问题，你要做的不是讨好或迎合，而是避免进入消耗的关系而不自知。

如果我们不拒绝，内心就会产生强烈的委屈感，甚至有一些受伤感，自我就有可能被裹挟、被淹没，这种感觉是比较糟糕的。很多时候，压力来源于我们不敢释放的攻击性。拒绝他人，其实就是在释放这些攻击性。不懂得拒绝可能会因此耗费很多心理能量。在不甘心或不愿意的状态下做一件事情，往往就会在无意中把这件事情搞砸。其实这是我们做出的被动攻击。我们应该按照自己的节奏去做自己的事情，不要被外界裹挟、淹没。

拒绝能够保护我们不被侵入。在人际关系中，被侵入会打破自我的整体性，以及自主的感觉。拒绝还能够打破自己和对方的幻觉。生活就是如此。有些人的潜意识中不能接受被别人拒绝，因为有一个错误的客体认知：如果别人拒绝我，那么他就是坏人，这个世界就应该围着我转。如果你的身边有这样的同事，那么拒绝他，恰恰打破了他的幻觉。他的内心冲突需要自己调整，我们没有立场干涉。如果这也是你的想法，那么请再次回顾本书前面的章节，或许你会发现你无法真正获得一段舒适的关系的原因。

不论父母、朋友、伴侣还是同事，我们都需要回到真实的人际角色中。有时，我们不自觉地扮演救世主的角色，或者扮演一个无能为力，事事向他人索取的角色，这都不是真实的。在拒绝的过程中，我们反而可以重新审视和确认自己的角色，对自己的能力等各方面也会有一个很好的检验。有些事情是我们做不到的或者不愿意去做的，我们都有权利告诉对方，进行合理的表达。

职场上如何表达拒绝

那么，该如何表达你的拒绝，我有以下五个方法可供参考。

第一，想清楚你要与对方建立一种什么样的关系。

面对同事时，需要时刻谨记，你们是职场中平等的个体。在职场，你不是别人的完美照顾者，也不需要成全对方的任何想法。所有的要求，合理或不合理的判断标准掌握在你的手中。所以是否满足对方，关键看你自己的意愿。假如你不愿意帮这个忙，那么拒绝时要坚定一点儿，也就是前文反复强调的，温柔坚定地说"不"。

第二，利他必须建立在利己的基础上。

利他必须建立在利己的基础上，单纯牺牲自己的人无法得到他人的尊重。很多时候，纯粹牺牲自己，很容易被欺负。

我们接受过的一些教导是先人后己，但是这样的教育传递了一个不合理的信念，导致我们忽视了自己的感受，甚至挫伤了自我价值感。强调利他必须建立在利己的基础上，并不是要求我们做一个自私的人，也不是否认奉献精神的伟大，而是告诉我们，一切行为都应该是自洽的。如果我们不是因为愿意而去做，而是因为无法承担的愧疚感或羞耻感，最终只会让自己更加痛苦。还记得那15条职场生存规则吗？你的忍让不会阻止什么，只会让一切变本加厉，只有你的做法能够改变别人对待你的方式。

第三，遵循两个原则——规则优先原则和交换原则。

所谓规则优先原则，就是你要弄清自己与同事的分工。什么叫不合理的要求？就是同事把自己应当做的工作让你来承担。

什么是交换原则？举个例子，在电影《杜拉拉升职记》中，一开始，杜拉拉想给大家留下好印象，同事把自己的事拿给她做时，她会接下来。譬如要下班了，同事说："你能不能帮我把这个事做了？"杜拉拉也想下班，但她还是把不属于自己的事拿过来做了。后来她就学会对同事说："我今天帮你把这个做了没问题，明天我也有事要先走，你能不能帮我把其他事做一下？"这就是交换原则。

如果你还无法做到完全拒绝，那么通过交换原则，为自己换取资源，也能够在一定程度上转变你对同事的要求的认知，并逐渐调整你与同事之间的关系。

第四，懂得示弱。

最重要的方法，就是要懂得示弱。有时我们有能力做一件事，不代表我们必须去做这件事。有些人会觉得，拒绝了别人，会显得自己能力不足。要克服这样的心理障碍，要学会示弱。告诉对方，自己实在是做不到。

著名的经纪人杨天真也分享过一个拒绝同事的方法，找一个与事件相关的不可抗力作为你的理由，说明你做不到。譬如，偶尔可以撒个娇，告诉对方这个事情不是不想帮忙，是真的帮不了。这样既表达了积极的意愿，又强调了做不到的情况。这些示弱都不是真的弱，反而是一种强大的表现。

第五，识别对方的关系模式类型，有针对性地拒绝。

内在关系模式往往透露出一个人行为背后更深层次的需要。我们了解这些需要，识别对方提出要求的本质，拒绝就可以更加坚定。

假如对方是鸵鸟型的人，我们首先要克服自己的一种感受——为难。因为鸵鸟型的人需要心理优势，不喜欢那种别人不服从自己的感觉。因此当拒绝鸵鸟型同事的时候，我们会感觉到一种无形的压力。但是不管怎么样，我们还是要去做。对于鸵鸟型同事的要求，我们要打破一种自恋的幻想，不要觉得一旦拒绝他，自己就不是好人、好员工、好合作者了，告诉自己，拒绝是可以的。我们先不要判断鸵鸟型同事的要求合理与否，因为要求是否合理，对于我们和鸵鸟型同事来说，各自的判断标准可能不同。因此我们需要做的是先认同他的要求，包括承认他表达需求的权利，认同他之后再表达自己的观点。这个表达可以用示弱的方式，这能够给对方一种心理优势，让他不再继续纠缠。

拒绝蜗牛型的人，最好的方式就是实话实说。蜗牛型的人很缺乏安全感，真实反而会给他们带来安全感。就好比我们对一件事不是很有把握，经常会思考最好的结果和最坏的结果，但当我们把最坏的结果陈列出来时，那一刻反而感觉不用再担心了。所以对于蜗牛型同事来说，他要看到的就是最糟糕的状态，以便做出应对。因为对未知的恐惧会加剧他内心的不安全感，所以当我们拒绝蜗牛型同事的不合理要求时，其实只要把未知变成已知即可。

袋鼠型的人喜欢照顾他人，其实内心是渴求回报的，他们希望这样对待他人的同时，他人也能够如此对待他们。所以我们在拒绝袋鼠型同事时，必须给予他一些东西。相对合理的拒绝方式，是"拒绝＋给予"，这种拒绝方式不会让他觉得特别委屈。他会觉得你是一个懂得回报的人。

斑鸠型的人心思比较直接，拒绝他们比较简单，只需要按照前文提出的几个建议择一即可。

面试技巧与误区

很多初入职场或者想换一份工作的朋友经常会有这样的疑问：有些人各方面的条件都不太符合公司的要求，却能得到一份好的工作；有些人学历很高，却总是找不到自己满意的工作。面试到底是怎么回事？其中隐藏了什么样的心理学规律呢？

之前有一位大学生朋友，初入职场，在我的一次讲座里问过这样一个问题："我学历很高，也接到了好几家公司的面试邀请，但面试之后，公司总是对我不满意，会用各种方式婉拒我。或者让我回去等消息，结果等了几天对方也没有再联系我。是不是我有什么问题？"

当时我问他："你是如何看待本次面试的？"

他回答："我很尊重面试，我会打扮得体，态度谦虚，对面试官提出的问题都能有问必答。"教科书上所有的面试要求他都做到了。

我又问："当你这样做时，你心里是怎么想的？"

他说："我总觉得自己是职场新人，害怕问题答不好被指责。而且面试官在审视我的时候，我会比较紧张。"

各位，你是否发现其中的问题呢？其实，公司招聘时需要寻找的是一位事业伙伴，能够合作完成一些事情，并不希望相互之间是审视的关系。这位朋友一开始就有一种对方在审视自己的感觉，那么他们在地位上就不是平等的。一个人被别人审视的感觉肯定是不舒服的。如果一个人从小到大一直在比较严厉的环境中成长，那么他对这种环境会有一种天生的反感，也许在无意识中，会激发起一些应对的方式。

果然，他描述了一次面试的经历。有一次，面试官问了他一个问题："你的简历写了精通英语，你有过这方面的工作经历吗？"他的回应是："是的，我在简历上都写了。"当时面试官就皱了一下眉头。他在应对的过程中，无意间表现出一种不耐烦，甚至有一些责怪的语气。而这个小小的细节可能导致面试官不会录用他。当时，面试官说："你各方面条件都很好，但是我们公司更需要有耐心、有合作意识的人才。"

这个细节也体现了这位朋友对人对事的态度，尽管他有很好的学历背景，还是会屡屡碰壁。在身边很多朋友拿到录用通知的时候，他还在为去不去面试而纠结。

面试是一个展现自己的机会。一般情况下，在通知你来面试前，面试官对你的各方面背景已经有了一些了解和判断。当然，现在有些人力资源也会做一些性格测评。在这个过程中，你的面试表现决定了你能否得到对方的认可，以及能否获得一份比较满意的工作。

因此，在面试之前，你需要注意以下事项。

面试的注意事项

第一，面试是一个态度上的双向选择。

其实，面试是一个态度上的双向选择。美国职业指导专家约翰·霍兰德（John Holland）提出了人业互择理论。他发现，职业选择也是人格的表现，劳动者只有选择与其性格类型相符的职业，才能达到适应的状态，他的才能与积极性才会得到更好的发挥。因此，为了实现人业互择，劳动者的心理素质应与择业倾向相适应。劳动者也要用一个适宜的心态，即与企业者建立一种平等的合作关系，这是现代社会就业的关键。

但是有些人在面试过程中，往往没有注意到自己的心态，反而更关注自己的回答是否令对方满意。在考虑对方是否满意自己的回答时，我们可能会忽略对方提出的一些问题，或者没有把对方的问题考虑全面。因为那一刻，我们更关注自己的感受："我是否紧张""对方对我是否满意""对方是一个什么样的人"，当我们一直关注这些问题时，情绪波动会比较大，往往会忽略面试的关键问题。

所以无须过度在意和紧张，只需要把自己的一些素质和能力呈现出来，而不是把对方看作一个严厉挑剔的人。人在过度在意别人的看法与紧张的情况下，会呈现一种对抗的姿态，有时我们并不能意识到这种自我姿态的变化。就像见到一个朋友和见到一个不是很喜欢的人，身体各方面的反应一定是不同的，却往往是我们难以察觉的。

在面试中，我们不应该只关注自己的表现，也不需要阿谀奉承，去讨好面试官，而是应该保持一种不卑不亢的态度，与面试官建立一种合作的关系，因为当你将双方看作上下级时，你们之间的关系就是不平等的，你所表现出来的状态就会畏首畏尾，显得不够自信。而对方需要的是一个合作伙伴，他需要了解你的个人特点，而不是想聘用一个绝对服从，没有自身亮点的人。

第二，对面试做一个简单的了解。

很多人的面试前准备往往是寻找面试官可能会出的题目，考核的形式。其实，在面试前还可以做一些其他的准备工作，比如了解公司的发展历史、业务范围、所获荣誉等，这种了解能够让你在面试时更从容淡定。而且在了解的过程中，你也能增加对这家公司的兴趣，自己的态度自然会发生变化，对方也能感受到你的诚意。在称呼对方时，我们可以提前进入角色，把"贵公司""你们公司"的表达转换成"我们公司"。这是一种暗示，能够表达你对公司的认同感和归属愿望。

第三，思考面试中呈现自己什么样的状态。

在面试的过程中，面试官可能会出一些问题让你解答。在解答过程中，他们想看到的可能不是问题的答案，更多的是你所呈现的状态。就像前面的那位大学生朋友，对方问："你觉得我们公司有什么地方需要改进？"他非常实在，一下子把自己发现的很多问题全盘托出。这是一种回答的方式，但这似乎不是个好答案。面试官对自己的公司一定是有认同感的，他们对自己的团队也有一定的荣誉感，在这种时候应该以委婉、谦逊的态度，适度地提出一些建议。

当遇到类似的问题时，我们该如何应对呢？这可能是一个陷阱，或者是对方在考验你的人品。这时，我们可以回答："我对我们公司很感兴趣，但还没有足够的了解，或许在我对公司有更深入的了解后，会有一些自己的建议和看法。"不了解一件事情时，不要随意评判，这是一种自我保护。

面试时，你也可以有意无意地突出自己的特长，自然地表达出来，更容易被对方捕捉，更好地为自己加分。比如说到运动，你可以无意地谈起，某次得到了某某比赛的冠军。

第四，面试过程中需要高度专注，以防遗漏重要信息。

高度专注是一种能力，是每一个人都应该具备的。往往专注度高的人会比较有忍耐力和目标感。相应地，他的应对能力也会比较强。比如，我们可以很认真地听对方讲话，观察对方的一些反应，并给予对方一个很好的互动或回应。我面试过一位新人，当时前台同事给他倒了一杯水，他看都没有看对方，就直接说"谢谢你"。不能说他没有礼貌，但这是一种没有诚意的机械礼貌，是一种对他人的不关注和不在意。所以这一个小小的细节让我给他打了低分。

环境中很多的隐性互动，虽然隐秘但都是可以被察觉的。我们专注时，就能够察觉出来。一些微小的细节或不经意的举动都有可能是面试官的一个设定。再分享一个很多人都听过的面试故事：有一个人去面试，看到地板上有一个纸团，其他面试者也看到了，却没有什么行动，只有他，直接捡起纸团扔进旁边的垃圾箱里，最后面试官略过了面试，直接录取了他。

虽然这只是一个激励人心的故事，不过可以从另一个方面体现出专注力的重要性。这位面试者的举动，呈现出自己对环境的一种专注力，能够关注到细节的问题；同时也呈现出他与环境的状态，他关注所在的环境，并且接纳这个环境，愿意融入这个环境。

职业课题是人生的重要课题，面试是一个很好的展示自己的舞台。要想胜任一份工作，较好的专业技能只是其中一个方面，另一个重要方面是与职业匹配的个性素养。面试过程中展示出自己这两个方面的能力更容易获得成功。因此，我们在准备好专业技能之外，还需要做好充足的准备，运用沟通原理，掌握面试的技巧和要点，尽可能地去展示自己，去应对这一场考验。

由内而外的自我和谐

人类从出生开始就是孤独的，因为孤独，所以要建立关系。人在关系中发展自我，在关系中体会情感，在关系中完成人格的建立。当然，人也在关系中体验自己的存在与价值。

我们在关系中经常会有两种不一样的体验。第一种是消耗的。我们常常在亲密关系或朋友同事关系中可以体会到。这种消耗不只是自己内在的消耗，在彼此的互动中也会消耗。第二种是滋养的。如果觉得滋养了自己或滋养了对方，对方是可以体会到的。你会发现，关系刚刚建立时，我们感受到了某种滋养，但是后来变得越来越消耗，这种感觉是很强烈的。有时我们在关系中会有压抑、愤怒、委屈、无力的感觉，我们会觉得似乎关系被卡住了，意思就是：我本来是很鲜活的一个人，但是因为进入了这段关系，我发现自己越来越不自由、不自在，没有一种特别好的体验。但是似乎无法放弃这段关系，所以只能寻找改变的门路。

我们在寻找一段关系时，实际上是想寻找另一个理想的自己。然而这个理想的自己并不一定是完美的，我们所有的努力都是为了减少自我消耗，促进自我滋养。允许自己不再去做一些不适合的事情，坦然接受生命中的那些遗憾。不必苛责自己未能完成自己的期许，也许重新定目标，再次出发才是更好的选择。接纳自己的不完美，能够自我关照。不再依赖索取，能够自我负责。从自我消耗走向自我滋养，实现超越。

很多时候，连我们自己没有意识到的关系模式操控着我们的人际关系以及在关系中的体验。假如我们没有用心体会内在关系模式，外界的任何东西都很难改变我们。所谓找到自我，其实就是体会到曾经的关系模式，然后用相对和谐的关系模式替代病态的关系模式。

最后，有一份内在关系模式的测试分享给大家，希望大家通过本书的内容，发现自己，重新认知自己，重新感悟和体验与自己的关系，与他人的关系，与环境的关系，获得掌控关系的有效沟通，获得由内而外的自我和谐。

测试须知：下面的选项给出了你在关系中体会到的各种感觉，请根据你的真实感受做出选择。（注意：这不仅是指在当下的关系中体验到的感受，它针对的是你在所有关系中常常体验到的感觉。）

1. 你对独处有什么看法：

A. 比较矛盾，只喜欢和亲近的人在一起

B. 不喜欢，更希望身边有人陪伴

C. 很喜欢，因为感觉很自在

D. 非常喜欢，因为做事更有效率

2. 如果遇到有好感的人，你会想：

A. 需要时间确认自己的感觉，再靠近对方

B. 想对他好

C. 高冷，内心希望对方靠近自己

D. 先追了再说

3. 你的朋友经常这样评价你：

A. 看起来柔弱，实际上很有主见

B. 很会照顾别人

C. 很有力量，对外界的看法不太在意

D. 能力很强，对成功有追求

4. 面对不同意见，你一般会：

A. 觉得无所谓

B. 有感受但不说

C. 坚持自己的意见，不听别人的想法

D. 讲道理，分析利弊，试图说服别人

5. 你和朋友发生冲突的频率大概是：

A. 很少

B. 一般

C. 经常

D. 视情况而定

6. 和另一半吵架时，你的第一反应是：

A. 不想吵，不管是不是自己的问题，都先找各种方式示好

B. 明明自己很委屈，但不想说，想岔开吵架话题

C. 不想见对方，逼急了，直接吵架

D. 用讲道理的方式，让对方口服心服

7. 你在恋爱中通常表现出来的形象是：

A. 小奶狗／小可爱

B. 爸爸／妈妈

C. 霸道总裁／御姐

D. 直男／直女

8. 你在亲密关系中，另一半经常这样评价你：

A. 黏人、可爱

B. 贴心、照顾别人、事无巨细

C. 自尊心强、很骄傲

D. 强势、感情很克制

9. 你希望你的另一半是怎样的：

A. 是可以依靠的

B. 有时候是小孩，有时候又希望他能独立

C. 可以理解自己

D. 能在事业上共进退

10. 你身边的朋友大部分是什么类型的：

A. 强大，可以替你完成一些事情

B. 比较柔弱，需要你的照顾

C. 嘴巴很甜，能看到你的优点

D. 大部分是工作上的朋友

11. 在什么情况下，你会对别人示好：

A. 不会直接示好，看对方希望你做些什么

B. 平时自己一直都是很会照顾人，不需要特意示好

C. 嘴巴很甜，能看到你的优点

D. 会衡量一下对方是否值得

12. 如果同事向你提了一些不合理的要求，你一般会怎么想 / 做：

A. 很难开口拒绝，觉得会破坏关系

B. 一般别人提出来时，就会想办法帮他完成

C. 一般不拒绝，拒绝会让自己觉得"我不行"

D. 马上拒绝

13. 以下几种情况，你觉得哪种最孤独：

A. 身边无人可依

B. 负责了太多的事情，没有人能够支持

C. 想法不被理解，"众人皆醉我独醒"

D. 没有办法呼朋唤友一起去玩

14. 出现以下哪种情况，你更容易否定自己：

A. 别人对你有负面评价时

B. 觉得自己对别人没有贡献时

C. 事情没有达到自己心里完美的状态时

D. 发现自己没有朋友，很孤单时

15. 出现以下哪种情况，对你来说是一种打击：

A. 丧失了一个很重要的人

B. 重要的人不需要你

C. 发现原来你和别人一样，都很普通

D. 事业发展受挫

计分方式：

统计自己哪个选项比较多。

更多选择 A：蜗牛型；

更多选择 B：袋鼠型；

更多选择 C：鸵鸟型；

更多选择 D：斑鸠型。